〈共生と自治〉の社会教育

教育福祉と地域づくりのポリフォニー

Social Education
for Living Together
and Autonomy

辻浩 著

旬報社

まえがき——本書のテーマ

本書の目的は、すべての人が社会に参加して人間らしく生きることができる地域社会を、住民と職員の学びに依拠してつくるための実践的な課題を明らかにすることである。

資本主義社会の中で、競争が激しくなり、生きづらさをかかえる人や取り残される地域がつくられてきたが、それは今日、グローバル資本主義のもとでより深刻になっている。所得格差と社会的排除が広がり、多くの人が苦しい生活に追い込まれているにもかかわらず、それが自己責任とされ、人びとの政治や社会への関心が弱まっている。このことを克服するために、困難をかかえた人が主体的に生きることを保障する教育福祉の取り組みがあり、地域課題を学び解決する地域づくりがある。地域・自治体に民主主義を呼び戻し、すべての人が共に生きられる社会をつくるために、教育福祉と地域づくりに取り組み、それを重ねる社会教育が求められている。

このようなことから、本書のタイトルを『〈共生と自治〉の社会教育』とし、サブタイトルを「教育福祉と地域づくりのポリフォニー」とした。

教育福祉とは、困難をかかえた人に対して、教育と福祉、すなわち豊かな人間発達の保障と生活基盤の安定をともに追求することである。当たり前のように思われるが、教育の世界では生活基盤が整っていることを暗黙の前提にし、社会福祉の世界では教育を受けて豊かに発達することはあまり顧みられなかった。戦後教育改革では「教育の機会均等」が謳われたもののその実現には多くの課題があり、高度経済成長期になって高校進学率が上昇する中で、依然として進学できない子ども・若者を支えることが必要になっていった。このような中で「教育福祉」という概念が提起され、貧困や障害、差別による人間発達における不利が指摘され、その克服がめざされることになった。

教育福祉は、学校に通えない、障害や貧しい環境から学習に関心が向かわない、そして十分な準備が整わないまま社会に出ていくといった問題としてあらわれる。その意味では、教育福祉は学校教育や教育制度の課題として考えられなければならない。しかし、教育福祉は社会教育でも取り組まれている。不登校の子どもはフリースペースで学ぶことも多く、貧しい家庭環境で基礎学力が身についていない子どものための学習教室も各地に開設されている。また、社会に出ることにつまずいた若者に対して、自己と社会を見つめ、エンパワーメントを促す就労支援が行われ、雇用における不利益に対して、権利を自覚し行使する支援も行われている。さらに、困難をかかえながら子育てを行っている人びとや社会的排除に苦しむ人びとが、当事者として交流し、社会に声をあげる取り組みも広がっている。そして今日、困難をかかえた人の支援を通して、すべての人が共に生きられる地域をつくるボランティアやNPOなどの動きがある。所得格差と社会的排除が広がっている中で、教育福祉は学校教育だけでなく社会教育でも課題となり、教育のあり方を考える重要な視点となっている。

一方、地域づくりは、高度経済成長期に農山村から人口が流出し都市に集中するという状況の中で注目されるようになった。人口が減少した地域では、当初、企業誘致による働く場の確保がめざされたが、やがて、地場産業の強化や安心でゆとりのある暮らし、美しい景観、伝統文化の継承と人の絆、若者の新たな挑戦への支援なども加えて、総合的に魅力的な地域にすることがめざされることになった。また、人口が集中した都市では、便利な暮らしの裏側で人間的なつながりが薄くなっていることを克服するために、ボランティア活動などを通して人と人との出会いをつくってきた。

地域づくりは、企業を誘致して働く場を確保するだけであれば、政治と財政の力で実現できるが、地場産業の強化や景観保全、伝統文化の継承、安心な暮らしはそれだけでは実現できない。地場産業の強化には、関係者が思いを語り、発想を出し合い、試作品をつくり、協力者を集めることが必要であり、その過程に人びとの学習が必要となる。また、景観を守り、伝統文化を継承し、安心できる暮らしをつくり、若者が挑戦するために、住民が活動しながら学習することが必要である。このような活動を通して、住民の自治の力が高まり、それを支える自治体の役割も重要になってくる。

教育福祉と地域づくりの取り組みに含まれる学習を通して、人びとは〈共生と自治〉の力を身につけ、社会教育はそこで重要な役割を果たす。このことはこれまで、指導的な地位にある人や専門的な仕事をする職員が中心となって推進するという側面があったが、今日では、困難をかかえた人や不利な条件にある地域に暮らす人びとが自ら取り組むことを大切にしながら、それを公務労働が支えるというかたちになってきている。また、教育福祉と地域づくりはそれぞれに社会教育にかかわるだけでなく、重なり合って社会教育にかかわるものになってきている。社会的に排除されそうな人も社会に参加できるようにすることは、地域づくりの課題であるとともに、そのことに取り組むことで地域に活気が生まれている。共生のために自治が必要であり、共生によって自治が高まるのである。

しかし、今日このことにデジタル変革（ＤＸ：Digital Transformation）が大きな課題を投げかけている。ＤＸは情報通信技術を使ったバーチャルな空間でつながることで、社会に参加しづらい人の暮らしに新しい可能性をひらくものではあるが、その一方で、フィジカルな公共空間が小さくなることで、人びとが集まって話し合う機会を奪うことが危惧される。そして、自治体サービスを広域化して住民の日常生活圏域から公務労働を引き上げ、その空白を住民の共同の力に任せることが国によって構想されている。このようにして公共空間が脆弱になった地域社会では、生きづらさをかかえている人びとの権利保障が遠のく可能性がある。したがって、〈共生と自治〉

を追求する中では、住民参加の推進とともに行政の役割を明確にする必要があり、社会教育はそこで鍵的な役割を果たすことになる。

今日、グローバル資本主義の中で社会を民主的につくりあげていくことが難しくなり、ＩＴ化とデジタル化はバーチャルな空間を拡大してフィジカルな空間を縮小している。このことに未来を託す人がいる一方で、閉塞感と刹那的な気分を抱く人も多い。このような中で、社会的に排除されがちな人が大切にされ、小さな地域社会の中で民主主義を取り戻し、その力をグローバルに広がる民主主義の潮流と呼応させることが必要である。それは生きづらさをかかえた人が尊重されるための課題ではあるが、それと同時に、すべての人が共に生きられる自治的な地域をつくるための課題でもある。

筆者は教育学の学部・大学院で社会教育研究を志し、公民館に関心をもつとともに福祉教育やボランティア学習に注目し、その後、社会福祉学部に長く勤めたことから、住民参加と福祉のまちづくりのあり方を研究してきた。それは高齢化の進行を念頭に置くものであったが、その後、格差が拡大する中で、困難をかかえた子ども・若者の自立支援を学校改革と地域づくりとかかわらせて考えるようになった。そのことに一区切りついた時に、母校で社会教育・生涯学習を担当することになったことから、戦後日本の社会教育を問題史的通史としてまとめてみたいと考えた。

このようなことから、本書では、戦後日本の社会教育論と社会教育実践を〈共生と自治〉の視点から跡づけることに力を注いだ。それに加えて、筆者自身の〈共生と自治〉の社会教育への取り組みも織り込んで今日的な実践の研究も行う。このことによって、戦後社会教育の理論と実践を今日的にどう継承し発展させることができるのかを考える共通の土俵を提起することができれば幸いである。

目次

第3章　〈共生と自治〉の社会教育とアクション・リサーチ

序章

社会教育における教育福祉と地域づくり

1　社会教育とは何か

社会教育とは、学校の教育課程を除いて広く社会で行われている教育活動であり、その形態は、公民館や図書館、博物館など社会教育施設を利用して行われる学習・文化活動、体育協会や文化協会など社会教育関係団体が行う活動、保健センターや男女共同参画センターなど一般行政部局における学習活動、ボランティアやＮＰＯなどの活動にともなって行われる学習、自治組織による地域課題の学習、職場における職業能力開発やレクリエーション活動、カルチャーセンターやスポーツクラブなど商業的施設での活動など多様である。

成人の学習や子ども・若者の学校外の活動である社会教育は、自由意思にもとづく自己教育という性格をもつ一方で、近代化の中で、国の施策として注目されるようになった。社会教育を所管する文部省普通学務局第四課の初代課長となった乗杉嘉壽は、一九二一年にその必要を次のように説明している。(1)

今日に於ては従来通俗教育の名によつて行はれたやうに知識道徳の普及発達を通俗的な講義講演の如き方法によつて行ふばかりではなく、社会進歩の為には時に高遠なる専門の知識思想を或特殊の階級又は社会に伝ふることも必要であつて、単に通俗的であることが社会教育にはならぬのである。又社会の欠陥に対して特に教育的救済の手段を講ずることも亦此の教育の施設の重要なる部分を形つくるものとなつたのである。

要之社会教育は社会一般を陶冶することを目的とする施設で其の進展は軈て我が国民生活をして意義ある道徳的生活の上に築きなすものである。

このような主張の背景には、資本主義が本格的に機能しはじめる中で、構造的な矛盾として貧困や疾病が広がり、戦争の影響が深刻になってくるということがある。そのような中で、社会にとって必要な知識や思想を高い理想として専門的に伝えるとともに、社会問題を社会教育で解決しようとしたのである。国民の苦しい生活に対して、思想的な対応をすることが社会教育の課題となったのである。このようにして、社会政策や社会事業と結びつく社会教育が、政策的に組織されていく。(2)

国によってすすめられる社会改良の立場に立つ社会教育に対して、他方で、労働運動や社会運動を背景として学習が組織された。その一つである月島労働講習会では、一九二一年に次のような呼びかけを行っている。(3)

今、一生産者として社会に立つている私等は知識の必要をつくづく感ずるが教育を受くる費用も時間も有して居らぬ。適々其の機会を得て喜べば益々私等を愚にしようとするもののみである。私等の担つている任務は重大だ、之を果すには非常な努力が居る。此の努力は飽く迄もせねばならない。之即ち少ない時間と乏しい費用とを割いて夜間講習会を開かうとする所以である。

諸君、夕方工場から疲れて帰る時の気持ちはお互いに知つている。然し互いに励まし合つて研究しようではないか。

資本主義の構造的な矛盾が人びとの労働と生活を脅かす中で、このような労働運動と結びついた学習に加えて、農村では無産農民学校をつくる運動や青年会を自主的に運営する取り組みが広がった。また、社会改良にも社会運動にも与せず、真に主体的になることを求めて、生活問題を念頭に置きながらも科学の基礎を重視した自由大学運動が組織された。このような民衆の自己教育運動は、国民精神総動員運動が展開されると姿を消していくが、社会教育を本質的に理解しようとするうえで重要である。(4)

資本主義社会の中で民衆の生活が苦しくなる中で、社会教育が社会政策の一環として社会改良のために役割を発揮するとともに、自己教育運動として組織化された。このことから、宮原誠一は「社会教育は、社会民主主義の勃興にともなって、民衆の下からの要求として発展したが、また一方で、民衆の民主的な自覚に対する支配的階級からの上からの対応策としておしすすめられた。これまでの歴史的なものとしての社会教育のなかには、この下からの要求と上からの要求が合流して混じりあっている」と指摘した。このように考えると、社会教育にとって民主主義がどのような状態になっているかを見定めることが必要となる。このことについて宮原は、「政治上の民主主義」「社会上の民主主義」「生活方法としての民主主義」という視点から検討することを提起した(5)。

このような宮原の提起を批判的に継承して、小川利夫は「法概念としての社会教育」が研究的・実践的に深められなければならないと指摘した。民主主義を標榜する法治国家であれば、宮原のいう「下からの要求と上からの要求」は、「外在的な矛盾」のレベルから「内在的な矛盾」のレベルに移行する。「下からの要求」としての社会教育が単に弾圧されるということではなく、「下からの要求」を満たしたようでありながら、実のところ「上からの要求」が貫徹される構造に注目することが必要であると考えられたのである。したがって、「法概念としての社会教育」とは、表面的な法律の条文解釈ではなく、社会状況の中での矛盾の様態を明らかにし、その民主的な解決をめざす法社会学的な解釈を意味するものと考えられた(6)。

社会教育は、学校の教育課程を除いた広く社会でさまざまなかたちで取り組まれている教育ではあるが、それは、生活課題を学ぶ機会を求める人びとの動きと、それを体制的に取り込もうとするせめぎあいの中で展開されてきた。そしてそれは、国民主権や住民自治が実質化しているのか、空洞化しているのかが問われている今日にまで続く課題ということができる。

2　社会教育の歴史的性格から考える

一九一九年に文部省に社会教育を所管する普通学務局第四課が設置されたが、その事務分掌は、①通俗教育、②図書館及博物館、③盲亞教育及特殊教育、④青年団、⑤教育会に関する事務であり、一九二三年に社会教育課になった時の事務分掌は、①図書館及博物館、②青少年団体及処女会、③成人教育、④特殊教育、⑤民衆娯楽の改善、⑥通俗図書認定、⑦其の他の社会教育に関する事務であった。

この事務分掌で注目されることは、特殊教育が含まれていることである。そこでは、障害のある子どもだけでなく、貧困な子どもや病弱な子ども、非行を犯す子どもも対象にしていた。また、上級学校に進学できなかった青年を対象とする青年団や処女会に関することも担っていた。このように、障害・貧困・病弱・非行といった課題をかかえた子どもや、働く青年に対して、通常の学校教育を代替する教育を社会教育が提供したのである。(7)

一九二四年の皇太子成婚に際して、社会教育功労者が表彰されるが、その内訳は、小学校・実業補習学校の教師・校長二一名、障害児学校の経営者・教師一三名、宗教関係者八名、団体役員六名、議員・町村長五名、医師二名、著述家二名、不明一六名であり、困難をかかえた子どもにかかわっていた人が多かった。また、この人たちの実践的な信念は、慈善事業的であったり治安対策的であったりすることもあれば、人権の平等性にもとづくこともあり、統一されているわけではなかった。(8) また、成人教育や民衆娯楽、通俗図書認定も事務分掌となっており、公民意識を醸成することが課題とされていることも注目される。

一方、内務省が取り組んだ自治民育は、体制的な地域の組織化をすすめて、国民精神総動員運動の基盤を形成した。(9)

たとえば、自治民育の典型である報徳運動は、地域社会の中で、勤勉に働き節約に努めることを人びとに求めた。これは内務省が中心になってすすめたものであるが、「夫れ救貧は末にして防貧は本なり。防貧は委にして風化は源なり。詳言せば救貧なり防貧なり苟も其本旨を達せんと欲すれば先ず其力を社会的風紀の善導に効さざるべからず」という「風化行政」にもとづくものである。[10] 物質的な支援を行う「救貧」ではなく、職業訓練や職業紹介のような「防貧」に期待をかけ、さらには、知らず知らずのうちにまじめに暮らしている「風化」が最も大事なことであるという。このように、地域に注目して、苦しい状況を人びとの心のもち方で克服しようとする「精神的救済」が重視されたのである。

社会教育の歴史に注目すると、障害や貧困、病弱、非行といった課題をかかえた子どもや上級学校に進学できない青年に対して、教育の機会を提供する機能があったことがわかる。また、成人に対して公民意識を醸成し、地域に貢献できる人材にすることが社会教育の課題とされた。このようなことをふまえると、社会教育は教育福祉と地域づくりにかかわるものであり、社会教育の本質といってもいいほど関係が強い。そして今日、すべての子どもに教育を保障するとともに学ぶ喜びを感じられるようにすることで地域が活気づくということがある。その意味で、社会的排除を克服することと地域づくりの関連が問われている。[11]

3　住民の生活課題の学習から考える

社会教育の歴史的性格を考えた時に浮かび上がってくることは、生活課題にかかわる学習に取り組むということである。社会で働き生きていくために必要な基礎的な知識は、一般的には学校教育で提供される。それに対して、社会教育は大人の学習や子どもの学校外の学習であることから、実際の生活課題を解決することにかかわるものになる。

　戦後日本の社会教育は、戦争の傷跡が残る中で、公民館を設置して、住民が集まって話し合い、地域の生活課題に取り組むことからはじまった[12]、その後、子どもを守る運動や平和運動、公害反対運動、農業を守る取り組み、健康を守る取り組み、女性・障害者・外国人・高齢者などの人権を守る活動などに取り組んできたが、これらは時に、日米安全保障体制を基軸にした経済優先の政策に対抗的になることもあった。したがって社会教育の実践と研究にとって、学習の自由を守ることとすべての人に学習機会を提供することが重要であり、そこから「権利としての社会教育」が提唱された[13]。

　このような日本の取り組みは、国際的な動きとも連動するものになった。ユネスコ国際成人教育会議では、一九七二年の第三回会議で、学習機会を得ることができていない「忘れられた人びと」に光を当てることが提起され[14]、八〇年の第四回会議で、「人々を、なりゆきまかせの客体から、自らの歴史をつくる主体にかえていく」ことが「学習権」として謳われた[15]。

　ユネスコ国際成人教育会議は、その後も国際的な不平等や一国内の社会的排除を克服することをめざしているが、それは今日、二〇一五年に国連のミレニアム・サミットで策定された「持続可能な開発のための二〇三〇アジェンダ」と連動するものになっている。そこでは、「誰ひとり取り残さないこと」を目指して、ＳＤＧｓ（持続可能な開発目標）として一七の目標が掲げられている。このうち、「貧困をなくそう」「飢餓をゼロに」「すべての人に健康と福祉を」「質の高い教育をみんなに」「ジェンダー平等を実現しよう」「働きがいも経済成長も」「人や国の不平等をなくそう」「住み続けられるまちづくりを」「平和と公正をすべての人に」「パートナーシップで目標を達成しよう」は、社会的排除の克服や地域づくりに直接かかわることであり、その他の目標も間接的にかかわることになっている。

貧困になったり、障害を負ったり、差別を受けて生活に困難が生じたとき、その解決に社会福祉が必要になる。また、地域の産業が衰退したり、環境問題が発生したり、人口減少が著しくなったとき、住民が集まって地域をどうするかという議論が行われる。そこでは、社会福祉や地域の力で生活を成り立たせることに加えて、人間としての主体性を取り戻すことがめざされる。このような、困難をかかえた当事者が主体的な力を発揮して地域づくりをすすめる実践が各地で展開されている。[16]

4 子ども・若者の未来と学校改革から考える

社会教育は、歴史的には職業訓練や軍事教練のように学校教育を「補足」したり、自由大学運動のように学校教育を「拡張」したりする役割を果たした。学校教育で身につけたことが現実に即応できない問題や、平等に学校教育が保障されない問題を改善する役割を社会教育が担ったのである。宮原誠一はこのような社会教育の歴史的性格をふまえて、戦後の新しい教育をめざして、地域教育計画に取り組んだ。「切れば血の出るような生活学習」の中で子どもたちが民主的な価値を体得するために、「まじめな成人たちとともに青少年がそれぞれの発達と成熟に応じて社会改造の研究と実践に参加する」ことが試みられた。[17]

地域教育計画は、一九五〇年代に入って、教育現場の自由が狭められ、やがて能力主義教育と学歴社会が定着する中で姿を消していく。ところが、八〇年代になって、経済大国として「追いつき型社会」から「先端創造社会」への転換がせまられる中で、学歴社会の弊害が指摘され、新しいかたちで注目されることになった。

臨時教育審議会の第二次答申（一九八六年）で、「生涯学習体系への移行」が提起され、平均寿命が延び、余暇時間が増大する中で生涯学習が求められているだけでなく、近隣のアジア諸国の技術力の向上に危機意識をもって、生涯にわたる職業能力の開発が必要であると指摘された。入学した大学によって生涯にわたる職業的な地位が決まる「学歴社会」から、人生のどの時点で学んでも適正に評価される「学習社会」に切り替え、大学生や社会人の学習の活性化がめざされた。そしてこのことにかかわって、小学校から高校までの教育は、「生涯学習体系」の一部として、新しいことを学ぶことへ関心や意欲を育むことが課題とされたのである。

このことは、臨時教育審議会の第一次答申で提起された「教育の自由化」とともに、「新しい学力観」として、小学校から高校までの教育に導入されたが、紆余曲折を経ながら、今日の「対話的な学び」「深い学び」「観点別評価」の導入や大学入試制度のあり方を見直すことにつながっている。このように生涯にわたる職業能力につなげることを想定した学校教育の改革がすすめられているが、その中で、学力が身につかない子どもや人間関係に苦しむ子どもが増えている。しかも、子ども・若者の未来に必要な学習は職業能力開発に限定されるわけではない。

その点で、学校教育は社会教育の中で蓄積されている教育的価値と方法に学ぶ必要がある。たとえば、抽象的な教科の学習に意欲をもてない子どもが、地域づくりに取り組んでいる人から学ぶことで、進路への考え方を広げることができる。また、硬直した学校教育になじめない子どもが、ＮＰＯによって運営されているフリースクールに通ったり、アイデンティティを確かにするために民族学校に通ったりして、そこでいきいきと学んでいる。さらに、学校から社会への移行が難しい若者に対して、職業体験や人間関係づくりを含んだ支援も盛んになっている。学校教育を見直し改革するために、このような社会教育の実践は有益な情報を提供できる。(18)

5　グローバル化時代の民主主義から考える

今日、生活課題や子どもの未来にかかわって重要になっているのは、持続可能な社会をつくることである。貧困や飢餓の撲滅、保健や福祉サービスの提供、質の高い教育の保障、ジェンダー平等、働きがいと経済成長の両立、環境の保全、平和と公正などの目標が掲げられ、人びとが連帯してこれらを達成することが求められている。そこでは、違う立場にある人が国境を越えてともに生きることと、地域のこれからのあり方を自分たちで決めていくことを結びつけることが必要になっている。

しかし一方で、経済のグローバル化の中で民主主義が空洞化し、共生も自治も後退しかねない状況にある。民主主義の考えが一般的には共有されているにもかかわらず、一部の大国とグローバル企業によって方向づけられた国際競争と安全保障の枠組みの中で、一つの国ができることが少なくなり、それに加えて国民の利害が複雑に入り組んで、民意で国を動かすことが難しくなってきている。そのような中で、国は自らの威信を守るために、現在の状況が民主的な方法をとった結果であると国民が納得するように、新自由主義的な政策をとる。そしてその結果、政治に期待しない民意が形成される一方で、極端な右翼と左翼の勢力が台頭して民主主義を批判するようになっている(19)。

このような民主主義の危機の中で、インターネットを使ってデモや集会が組織され、参加者が「自らの言葉」で意見を表明する「新しい民主主義」が注目される。人びとが扇動されて行動するのではなく「多層的公共圏における熟議を通じて、諸個人は集合的アイデンティティを獲得し、政治的意思の形成～表明が可能になる」ことが必要であり、そのための条件整備が求められている。そのうえで、このような「非制度的民主主義」が投票や政策提言など「権力を構成する民主主義」と結びつくとともに、国際機関が発信するグローバル民主主義の提案を積極的に受け止めていくことが必要である。非制度的民主主義と主権国家の民主化と国際機関の民主化の三つが機能して、グローバル化によって空洞化する民主主義を実質化させることが可能になる。[20]

共生と自治にかかわる学習は地域を基盤に実践されるが、このようなグローバル化における矛盾を孕んだ課題をとらえたものでなければならない。[21]「九条俳句訴訟」を通して改めて公民館における学習の自由が問われる中で、それは学びの権利性を担保する意義に加えて、学びの公共性を創造するものであることが示されている。出会った人たちがお互いに刺激し合い、新しい価値を生み出し、連帯のきっかけとなる場が必要であるという国際的な議論を受け止めて、社会教育が「学びの公共空間」として、「グローバル化時代の民主主義とリテラシー」を身につけることに貢献することが期待されている。[22]

6　時期区分と本書の構成

これまで述べてきたように、社会教育を教育福祉と地域づくりの観点から考察することは、社会教育の歴史的性格から見ても、生活課題に取り組むことから見ても、子ども・若者の未来を展望することから見ても、グローバル化の中での民主主義から見ても重要である。このようなことが戦後日本の社会教育でどのように議論されてきたのかを明らかにするために、本書では次のような時期区分を念頭に置いて論述する。

戦後改革期（一九四五年～一九五〇年代後半）
高度経済成長期（一九五〇年代末～一九七〇年代初期）
低成長・経済大国期（一九七〇年代中頃～一九八〇年代末）
格差拡大期（一九九〇年代以降）

戦後改革期は、戦前の国体を守ろうとする動きがありながらも、新しい憲法・教育基本法にもとづいて、平和と民主主義を実現することがめざされた時期である。しかし一方で、第二次世界大戦後の世界情勢の中で、次第に資本主義陣営に組み込まれていき、サンフランシスコ講和条約によってそれが固められた。また、敗戦直後の疲弊した経済状況から、朝鮮戦争による特需で原資を蓄積し、高度経済成長への足がかりをつくった時期でもある。この間、一九四六年に文部次官通牒「公民館の設置運営について」が出され、四九年に社会教育法が制定され、五三年に青年学級振興法が制定された。このような中で、封建制が残る農村に暮らす青年の主体形成や貧困からの脱出と生活改善をめざすことに社会教育実践は取り組んだ。

高度経済成長期は、一〇数年にわたって年平均一〇％の経済成長を記録し、人びとの暮らしが豊かになるとともに、税収が増加したことで福祉国家をめざした時期である。所得が増え、電化製品の購入が可能になり、進学率の上昇が顕著になる一方で、農山村から人口が流出し、都市での環境整備の遅れや孤独が深刻な課題となり、公害などの問題も発生した。このような問題に対して、住民運動や労働運動が盛んになり、その力を背景に、都市部を中心に革新自治体が誕生し、そこで社会教育への取り組みが盛んになった。それに対して、一九五九年の社会教育法改正などの学習を統制する動きが顕著になるとともに、七一年の社会教育審議会答申「急激な社会構造の変化に対処する社会教育のあり方」では、社会の矛盾に注目するのではなく、社会に適応する発想への転換が求められた。このような中で、若年労働力として都市に集められた勤労青年の教育や社会構造の中で生じる健康問題などに社会教育実践は取り組んだ。

低成長・経済大国期は、オイルショックをきっかけとして低成長期に入ったものの、高度経済成長で実現した豊かな社会が持続した時期である。経済が低成長になることで税収は減少したが、再び経済成長することを願って大きな公共投資が行われた結果、赤字国債が大量に発行された。その累積が大きくなったために、「小さな政府」をめざす行政改革が行われ、公共施設の委託運営や嘱託職員の採用が拡大した。また、医療・保健の体制が整い平均寿命が延びる一方で、大切に子どもを育てようという意識から少子化がすすみ、高齢社会の課題が注目された。そして、アジア諸国の技術力が高まることが予想される中で、一九八六年の臨時教育審議会第二次答申では、生涯にわたる職業能力の開発や人びとの地域社会での活躍が政策的に期待されることになった。このように社会教育の意義が問われる中で、障害のある人の青年学級や高齢化の中での福祉のまちづくりなどが社会教育実践として取り組まれるようになった。

格差拡大期は、経済が停滞する一方で、経済のグローバル化による競争の激化とＭＥ（Micro Electronization）化・ＩＴ化の中で、所得格差と貧困の広がりが問題になる時期である。所得格差や貧困は、経済的な問題だけではなく、健康や教育、生活文化にも影響を与え、それらが相まって人びとの生きる意欲にまで格差をもたらすようになっている。このことに対して、かつてのような住民運動や労働運動が盛んではない一方で、困難をかかえた当事者が社会に問題提起をし、共生の価値を実現する動きが地域の中につくられるようになっている。格差や貧困が広がると、人びとが連帯して社会変革に向かう可能性がある。そのような危機意識ももって、二〇〇六年の教育基本法改正では、愛国的な要素も含めて教育の目標が法律で定められ、教育振興基本計画の策定によって教育への行政的な縛りが強められた。このような中で、社会的な排除への関心を高め、生きづらさをかかえる人の社会参加とそれによる地域変革の展開が社会教育実践の課題となっている。

このような時期区分を下敷きにして、第1章では、国民の学習権保障を社会教育論はどのように深めてきたのかを、教育福祉と地域づくりの視点から明らかにする。社会教育はその時々の社会状況に対して、国民の自己教育運動とそれを体制的に取り込もうとする社会教育政策が矛盾しながら展開してきた。このことは、教育福祉と地域づくりにかかわる学習においても同様である。国民の自己教育を体制的に取り込もうとする力が働く中で、国民の学習権を保障する議論がどのように展開されてきたのかを明らかにする。

第2章では、教育福祉と地域づくりにかかわる社会教育実践がどのように展開されてきたのかを描く。社会教育実践はその時々の社会状況や社会教育政策の影響を受けつつも、地域や住民、職員の固有の条件もあり、相対的に独自の展開をみせる。生活課題に根ざした学習課題の発見と実践の展開を浮き彫りにして、国民の学習権思想と公教育としての社会教育の課題を考える。

第3章では、教育福祉と地域づくりの今日的課題を一つずつ取り上げ掘り下げる。その際、これらは筆者が注目する前から実践的に積み上げられてきたものではあるが、筆者がかかわることができるものでもあることから、アクション・リサーチを試みる。社会教育の研究者は実践現場に足を運ぶことも多い。しかし、実践にかかわってはみても、実践家ほどリアルに実践のことがわかるわけではないし、実践の展開の速さに追いつけないことも多い。このような矛盾を感じながらも実践にかかわって社会教育を考えてきた結果見えてきたことを示してみたい。

これらの検討を経て終章では、〈共生と自治〉の社会教育をさらに深めるための課題を提起する。「権利としての社会教育」が蓄積してきた理論と実践を継承し発展させることを基本として、そのために、社会教育の核心を明確にして学際的な交流をすすめることが必要であり、とりわけ、「社会教育士」の称号が設けられて社会教育の仕事のイメージが広がる中でこのことが大切になっている。そして最後に、アクション・リサーチで「権利としての社会教育」を発展させるための課題を提起する。

注

(1) 乗杉嘉壽「序」江幡亀壽編著『社会教育の実際的研究』博進館、一九二一年。
(2) 小川利夫「現代社会教育思想の生成―日本社会教育思想史序説―」小川利夫編『講座・現代社会教育Ⅰ　現代社会教育の理論』亜紀書房、一九七七年。
(3)「月島労働講習会設立要旨」一九二一年（神田修・山住正己編『史料・日本の教育』学陽書房、一九八七年）。
(4) 藤田秀雄・大串隆吉編著『日本社会教育史』エイデル研究所、一九八四年。
(5) 宮原誠一「社会教育の本質」一九五〇年（『宮原誠一教育論集　第二巻　社会教育論』国土社、一九七七年）。
(6) 小川利夫「社会教育の組織と体制」小川利夫・倉内史郎編『社会教育講義』明治図書、一九六四年。
(7) 前掲(2)。
(8)『社会教育』第一巻第六号、一九二四年九月。
(9) 前掲(2)。
(10) 井上友一『救済制度要義』一九〇九年。
(11) 辻浩「社会的排除の克服と地域づくり―教育福祉と自治能力形成の統合―」島田修一・辻浩・細山俊男・星野一人編著『人間発達の地域づくり―人権を守り自治を築く社会教育―』国土社、二〇一二年。
(12) 寺中作雄『公民館の建設』一九四六年（寺中作雄『社会教育法解説／公民館の建設』国土社、一九九五年）。
(13) 笹川孝一「『権利としての社会教育』研究における『権利としての成人の自己教育・生涯教育』研究の問題」日本社会教育学会編『現代社会教育の創造―社会教育研究三十年の成果と課題―』東洋館出版社、一九八八年。
(14)「第三回世界成人教育会議・最終報告」一九七二年（社会教育推進全国協議会編『改訂　社会教育ハンドブック』エイデ

ル研究所、一九七九年)。

(15) 藤田秀雄「ユネスコの学習権宣言」藤田秀雄編著『ユネスコ学習権宣言と基本的人権』教育史料出版会、二〇〇一年。

(16) 辻浩『現代教育福祉論―子ども・若者の自立支援と地域づくり―』ミネルヴァ書房、二〇一七年。

(17) 前掲 (5)。

(18) 前掲 (16)。

(19) 本秀紀「民主主義の現在的危機と憲法学の課題」本秀紀編『グローバル化時代における民主主義の変容と憲法学』日本評論社、二〇一六年。

(20) 同前。

(21) 佐藤一子「地域学習の思想と方法」佐藤一子編『地域学習の創造―地域再生への学びを拓く―』東京大学出版会、二〇一五年。

(22) 佐藤一子『「学びの公共空間」としての公民館―九条俳句訴訟が問いかけるもの―』岩波書店、二〇一八年。

第1章

国民の学習権と〈共生と自治〉の社会教育論

1　権利としての社会教育と自己教育運動

学習の自由、教育の機会均等、連帯の権利

戦後日本の教育は、憲法と教育基本法を制定して、人格の完成と平和的な国家をめざし、「学習の自由」と「教育の機会均等」を基本理念として掲げた。教育基本法第七条（社会教育）では「家庭教育及び勤労の場所その他社会において行われる教育は、国及び地方公共団体によつて奨励されなければならない」と規定された。ここには、国民は自由に学習することができ、行政はそのための条件整備を行って平等に教育の機会を保障するという考えがある。

「学習の自由」と「教育の機会均等」という二つの基本理念のうち、社会教育は戦前の言論統制への反省から、どちらかといえば「学習の自由」に関心が向かい、それは占領政策の転換と日米安全保障体制によって平和への危機感が広がる中で、さらに強く意識され、国民の自己教育が盛んになった。それに対して、国や企業からの介入がはじまり、それに反対する動きも組織された。また、自己教育が盛んになるためには施設や設備の充実も必要になった。そのような中で、自己教育を阻害する動きに反対し、自己教育のための条件整備を求める自己教育運動が展開されることになり、さらには、自己教育を行ううえで困難がある人への権利保障も自己教育運動の課題となった。このような一連の学習と教育の権利保障の動きは、一九五〇年代後半から、その運動にかかわる住民と職員、研究者の間で「権利としての社会教育」と呼ばれるようになった。

「権利としての社会教育」はこのように近代社会の中で確立した自由権と社会権を求めるものだったが、一九

七〇年代にユネスコで第三世代の人権（連帯の権利）が議論され、八〇年代に入って日本の社会教育でもそれに依拠した議論がはじまる。競争に苛まれて人と人とがつながれなくなる一方で、障害のある人たちの社会参加が唱えられ、新たに定住する外国人が増えてくる中で、「連帯の権利」は社会教育を考える新しい視点となった。

しかし今日の状況を見ると、施設の貸し出しや講師の選定、展示内容、配架図書などをめぐって自由が侵害される事案が生じ、争いが起きないようにあらかじめ自己規制することも多くなっているように思われる。また、所得格差が他の要因とも絡んで意欲格差にまで及んでいる中で、等しく教育機会を保障するとはどういうことかが問われている。したがって、社会教育研究は自由権と社会権の追求をないがしろにするわけにはいかない。「権利としての社会教育」では「学習の自由」と「教育の機会均等」と「人びとのつながり」を追求することが求められている。

〈共生と自治〉から見た社会教育論の展開

戦後の社会教育の考え方は、教育基本法にも示されているように、「勤労の場所」も含んだものであった。また、新しい学校教育のあり方を求めて、父母・住民と教師が地域の暮らしと子どもを見つめる「地域教育計画」も取り組まれた。しかし間もなく、労働者教育は労働省所管になるとともに部外者がかかわりにくいこととも相まって社会教育での研究がすすまなくなっていった。また、学校は管理体制の強化と能力主義の導入で、社会教育との接点をなくしていった。このような中で、社会教育研究は地域社会およびそれを支える自治体に関心を向けることになり、そこで〈共生と自治〉は重要な課題となった。それは時代の進展とともにおよそ次のような経過をたどった。

戦後改革期には社会教育の法体制が整備されるが、そこでは戦前の国体を維持しようという流れと、「学習の自由」を侵害しないことを求める議論と、予算をともなった学習の支援を求める意見が交錯した。また、占領政策は当初日本の非軍事化と民主化を掲げたが、その後資本主義陣営の一員にする思惑も絡んで、自由な学習によって民衆的な運動が盛り上がることを警戒するようになった。その一方で、戦後に提唱された公民館は、法整備前に地域振興の総合的機関として通知されたことと地域の実情の中で、狭い意味での教育・文化機関とはならなかった。このような中で、住民が集まって地域課題を話し合うことを通して学習をすすめるという方法で、地域の貧しさや差別的な構造にも注目して地域づくりがすすめられることになった。

高度経済成長期になると、このような地域課題を話し合う学習は、開発政策の中で起きる問題や平和を脅かす動きを取り上げるようになった。しかし、地域開発は国の方針にもとづいて自治体が推進しなければならない側面もあり、学習をすすめる住民を支援する職員が矛盾をかかえることになった。また、都市部では社会教育の施設や事業が充実することになる一方で、若年労働力として都市に流入してきた勤労青年の教育も課題となった。このような中で、人びとが連帯して地域課題に取り組むための社会教育の職員論や施設論、教育福祉論が議論されることになった。

低成長・経済大国期に入ると、アジア諸国の技術力の向上に対応するために、科学技術の最先端を切りひらくことが求められ、臨時教育審議会によって、生涯にわたる職業能力の開発をめざす教育改革が提起された。その一方で、ユネスコの国際成人教育会議では、国内および国際的な不平等の解消を課題とし、そのために社会参加と人間発達の往還が必要であると指摘された。このような中で、人びとが経済社会からの要請にもとづいて個人主義的に能力を高めるのか、それとも人びとが連帯して困難をもたらしている共通の課題を発見し、それを社会の要請として取り組んでいくのかが問われることになった。

そして、経済のグローバル化が進展する中で訪れた格差拡大期には、子どもの貧困対策や若者の就労支援が課題となるが、それと並行して、高齢社会への対応も大きな課題となった。これらは、長年にわたる赤字国債に依存した財政が深刻な事態になる中で取り組まれなければならず、そこで地方分権と新たな自治体経営論が導入されることになった。社会教育施設の一般行政部局への移管や職員の非正規化、指定管理者制度の導入などがはかられるとともに、住民の地域づくりへの積極的な参加が求められるようになった。また、デジタル変革によって自治体と公務労働のあり方を大きく変える考えもある。このような中で、情熱をもって社会的排除の克服に取り組んでいるＮＰＯや市民活動と自治体の公務労働がどのように協働できるのかが問われている。

2　戦後教育改革の中での社会教育の法と体制

戦後教育改革と教育基本法

第二次世界大戦後、日本は新しい憲法を制定するとともに教育改革を行った。一九四七年に制定された教育基本法では、新憲法がめざす民主的で文化的な国家の建設や世界の平和と人類の福祉に貢献することは、「根本において教育の力にまつべきもの」とされた。「教育の力にまつ」ことで理想の社会をつくろうとした時、教育は権力や権威に支配されることなく、自由な学習を前提にしなければならない。また、そのような教育の機会は、すべての人に平等に保障されなければならない。

このようなことから、教育基本法では「学習の自由」のために、第一条（教育の目的）を抽象的で短い条文にとどめ、第八条（政治教育）で、特定の政治団体への支持または反対を禁止し、第九条（宗教教育）で、公立学校での特定の宗教団体への支持または反対を禁止した。また、第六条（学校教育）で、教師は「全体の奉仕者」

であり、そのために身分は尊重され、待遇は適正でなければならないとされたが、ここには、国家目的遂行のために一部の権力をもつ人のために教師が働いた戦前の教育への反省がある。また、第一〇条（教育行政）で、教育は「不当な支配に服することなく、国民全体に対し直接に責任を負つて行われるべきもの」であり、教育行政は「この自覚のもとに、教育の目的を遂行するに必要な諸条件の整備確立を目標として行われなければならない」とされた。戦前の教育は、国家的に統制され、教育行政がそれを具体的に遂行した。このことを反省して、権力をもつ人こそが教育行政を使って教育を支配することがないように、教育は直接に責任をもつことができる実践現場の考えを尊重して行うことを明記して、教育行政の任務を教育の条件整備に務めることに限定したのである。

また、教育基本法では「教育の機会均等」のために、第三条（教育の機会均等）で、「ひとしく、その能力に応ずる教育を受ける機会が与えられなければならないものであつて、人種、信条、性別、社会的身分、経済的地位又は門地によつて、教育上差別されない」と定められ、同条第二項で、経済的に修学が困難な場合には、奨学の方法を講じることとされた。また、第四条（義務教育）で、九年間の義務教育を保障するために授業料の無償を謳い、第五条（男女共学）で、女子に教育上の不利がおよばないようにした。そして、第六条（学校教育）で、教師を「全体の奉仕者」とし、第一〇条で、教育行政の任務を「諸条件の整備確立」とすることで、すべての人に教育が保障されるようにしようとした。

教育基本法の各条項がこのように「学習の自由」と「教育の機会均等」に関して規定していることから、第七条（社会教育）も解釈される必要がある。「家庭教育及び勤労の場所その他社会において行われる教育は、国及び地方公共団体によつて奨励されなければならない」とは、社会教育を行うのは国民であり、国や自治体の役割はその「奨励」であるということである。そして、同条第二項で国や自治体が行う「奨励」の方法として、

「図書館、博物館、公民館等の施設の設置、学校の施設の利用その他適当な方法」をあげているのである。このように第七条（社会教育）には、国民が自由に学習することが大切であることと、それをすべての人に保障するために、国や自治体が施設の設置を中心として必要な施策をとることが謳われていると解釈できる。しかし、社会教育は家庭や職場、その他社会で「行われる」ものであり、誰がそれを「行う」のかが明確に書かれていないところに弱さがあるとの指摘がある。(1)

社会教育にとって第二条（教育の方針）も重要である。そこでは「教育の目的は、あらゆる機会に、あらゆる場所において実現されなければならない」と規定され、学校教育だけでなく社会教育も重要であることが示されている。このことの意味を宮原誠一は、大きな社会変革が求められる社会状況とかかわらせて、次のように解説している。(2)

> 法前文および第一条に示されているような教育の目的が把持されたとき、当然、教育は学校教育を超え、子どもの教育を超えていた。そこでは、教育されなければならないのは教育者だった。親も教師も、経営者も労働者も、地主も小作人も、政治家も官吏も、すべての国民が、価値観を一新し、新たな理想にむかって再生の努力を開始しなければならず、そのために必要な教育活動が、いたるところではじめられなければならなかった。

教育の力に依拠して理想社会に向かおうとした時、これから人間形成をしていく子どもに期待されることが多い。しかし、大人が変わらなければ新しい社会に向かってすすむことはできない。社会教育は学校教育の整備ができた後の課題と考えられたのではなく、学校教育と並行して必要な施策と考えられ、社会教育で学ぶ大人と学校教育で学ぶ子どもがともに未来をひらくことが展望されているのである。このような学校教育と社会教育を貫く理念として、「学習の自由」と「教育の機会均等」がある。

社会教育法制定における「学習の自由」

一九四九年に制定された社会教育法は「教育基本法（昭和二十二年法律第二十五号）の精神に則り社会教育に関する国及び地方公共団体の任務を明らかにする」ことを目的としている（第一条）。社会教育法の策定は社会教育連合会が設置した「社会教育法研究会」に文部省の関係者が協力して動きはじめ、二二案の検討を経て国会に法案が提出された。

国会での審議にあたって、高瀬文部大臣による提案理由では、社会教育は「国民相互の間において行われる自主的な自己教育」であるが、行政によって奨励されるべきものであることから、「これに必要な法的根拠を与え、国及び地方公共団体の任務を明らかにいたしますことが、是非とも必要と思われるのであります」とされ(3)、柴沼社会教育局長の説明では、「本法案には、政府及び地方官庁が是非関係を持たねばならぬ事についてのみ規定するに止め、その他の部面においては、これを法律の埒外に置きなるべく自由に放任して、徒に不必要な拘束や干渉に亘るような規定を設けることを避けたのであります。のみならず、特に自主的民間組織たる社会教育関係団体との関係においては、政府及び地方官庁が深くこれらの活動に介入することを自戒する必要ある意味の規定を設けているのであります」とされた(4)。このように社会教育法は、教育行政が国民の学習の自由を尊重しながら、必要な条件整備を行うことをめざす法律として国会に提出された。

国会での審議では、①国の財政負担が不明確である、②地方公共団体に財政的な負担がかからないか、③国の統制・支配につながらないか、④教育長の強い意向が社会教育委員の選任に反映されないか、⑤社会教育関係団体の助成方法を考えるべきであるとの指摘がなされた。これを受けて、第四条で国が自治体に対して財政的援助並びに物資の提供などを行うこととし、第五条で市町村教育委員会が社会教育に必要な援助を行うこととした。また、第六条第二項で社会教育を行う者の「養成」を削除して「研修」だけにし、第一一条に第二項を加えて「社会教育関係団体の求めに応じ」ることとし、第一五条に第二項から第四項を加えて、委嘱すべき委員の枠組みを定めるとともに、教育委員会が教育長に対して候補者名簿の修正を求めることができるようにした。そして第一七条で社会教育委員が教育委員会に意見を述べることができるようにし、第三五条で国庫による公民館の経費補助が明記された。(5)

このように社会教育法は、法案の趣旨説明においても国会審議においても、学習に行政からの統制がおよばないようにすることと、財政的支援によって住民の学習が活発になることが中心的な課題とされた。しかし、法案作成の過程全体に注目した場合、そのような一面的評価では済まない。横山宏は、社会教育法の制定を中心的にすすめた人びとがどのような人であり、戦前の国体を護持しようという意図がなかったのか、占領下の立法であることから、資本主義陣営の一員としての期待が反映されていないのか、教育刷新委員会の開明的な議論が反映されていないことをどう評価するべきかということもあわせて考える必要があると指摘している。(6)

公民教育と地域再建をめざす公民館

公民館は、文部省社会教育局公民教育課長だった寺中作雄が、一九四六年一月に雑誌『大日本教育』に「公民教育の振興と公民館の構想」を寄稿し、その内容を基本として、同年七月の文部次官通牒「公民館の設置運営について」によって政策化された。そして同年九月に寺中によって「公民館叢書」第一編として『公民館の建設』が刊行され、普及されていく。

『公民館の建設』では、「互いに責任をなすり合ひ、相互に相手を非難し合つて、恨み、泣き、呆然として手を拱いてゐても、それだけ日本の再建が遅れるだけの話ではないか」と敗戦からの復興を呼びかけ、「自己と社会との関係についての正しい自覚を持ち、自己の人間としての価値を重んずると共に、一身の利害を超越して、相互の助け合ひによつて公共社会の完成の為に盡す様な人格を持つた人又は其の様な人格たらんことを求めて努める人」になることを求めている。(7)

このように公民館は公民教育を展開することで地域を再建することをめざしたが、それは単独で構想されたわけではない。一九四五年一二月に、社会教育局長から地方長官に「総選挙に対処すべき公民啓発について・『公民のつどい』」が出され、同月には、戦後いち早く設置された公民教育刷新委員会が答申を出している。また、四六年四月には、「公民教育指導者講習会」が開催され、そこで社会教育局長が「社会教育について」と題する講演を行い、同年五月には、第一次米国教育使節団報告書を受けて、「新教育指針」が発表され、社会教育で『公民教育の振興』と「科学的教養の普及」に取り組むことが示唆された。このような公民教育の普及に関心が集まる中で、公民館の設置が政策化されていった。その一方で、生活改善に取り組む必要から、文部省社会教育局長と厚生省社会局長によって、一九四六年一二月に「公民館経営と生活保護法施行の保護施設との関連について」が出され、公民館で生活扶助、医療、助産、生業扶助、葬祭扶助、宿所提供、託児事業、授産事業を行うことが推奨された。また、四七年一月には社会教育局長通知「新憲法公布記念公民館設置奨励について」が出され、すべての自治体に「新憲法精神普及教養講座」を開設することがすすめられた。また、公民教育を展開するために、社会教育局長から知事に対して「公民館関係者の粛清について」が出され、公職追放者や教職追放者が公民館の運営に携わっている場合には改善するように命じられた。(8)

公民館は公民教育と地域再建を新憲法の理念に従って行い、戦前に回帰しないように、公職追放者や教職追放者がかかわることがないようにした。しかし、このような理念は十分には実現しなかったとの指摘もある。公民館が連携する団体として名前があがっているものの多くが戦争に協力した団体であり、戦後に生まれた民主的な文化団体や経済団体が視野に入っておらず、したがって、出版や放送、映画、演劇などの資材統制によって「文化行政一元化」が目論まれている中では、簡単に官僚的に統制されると指摘されている。(9)また、そのような官僚的性格を感じて進歩的な人は公民館に積極的にかかわろうとしていない状況に対して、自治体職員に民主的で熱心な職員を採用して、労働組合や農民組合との共闘で地域に本当の民主主義を打ち立てることが呼びかけられている。(10)

このような公民館の設置について、小林文人は「社会とそれを構成する公民との調和的関係が前提とされ、公共・共同・助け合い・利害超越といった徳目が強調され」、「社会を形成する権利主体としての市民的発想においてまだ弱く」、したがって「当時の地域の政治的支配構造の再編、地域諸集団の体制的組織化にたいしても重要な役割を果たしたとみることができる」としたうえで、他方「地域支配の政治的利害に結合するのでなく、地域住民の生活解放運動、地域民主化運動を基盤とし、その拠点としての役割を果たした初期公民館もみられた」と指摘している。(11)

占領政策から見た地域再建と教育機会の拡大

社会教育法の制定および公民館の振興にあたっては、占領政策とのかかわりも大きい。戦後の社会教育政策にかかわる占領軍の指導の特徴は、一つに、社会教育政策の基本に位置づく民主主義観が、絶対的な真理を想定するものではなく、人びとが参加すること自体に重点を置く相対主義的な価値観・認識論にもとづくものであり、したがって、社会教育指導者の講習内容は、討論技術や団体運営の方法を伝えることを中心としたことである。そして二つに、社会教育法の制定に関与して、社会教育関係団体への補助金支出禁止や社会教育委員への報酬の削除など、ノーサポート・ノーコントロールの原則を強く主張し、三つに、公民館については、当初は否定的だったものが、社会教育を分権化させる拠点としての機能に期待して認めたということがある。そして四つに、社会教育の民間団体については、戦前的体質を払拭するとともに、国家による団体統制の可能性に注意し、五つに、成人の教育機会拡大にかかわって、通信教育や学校開放、学校施設の利用、引揚者の啓発などが政策的にすめられた。このように占領政策は、戦前のような統制的な社会教育にならないことをめざした。しかし一方で、「極東において共産主義に対抗する最大の武器の一つは、日本の啓発された選挙民」であるとし、反共産主義の方向に国民意識を向けていくことを示唆し、それは一九五〇年の第二次アメリカ教育使節団報告書に反映された。(12)

このように占領政策は、住民が集い地域再建をめざす取り組みに行政がかかわることについては、社会教育関係団体であれ公民館であれ、戦前に回帰することにつながりかねないと見た。そのために、社会教育関係団体が補助金によって地域再建の活動に方向づけられることを警戒して、ノーサポート・ノーコントロールを堅持させ、民主主義さえもその中身に踏み込まず、民主的な討論や団体運営のあり方を普及させることに力を注いだ。その一方で、アメリカの成人教育をモデルとして、通信教育や学校開放の推進をめざし、教育機会に恵まれない人びとへの教育の普及と地域の封建制がおよばない学校での科学的知見の浸透がめざされた。

3　社会教育法制の改正と「権利としての社会教育」

社会教育法の改正と青年学級振興法の制定

戦後の社会教育は、新憲法の理念にもとづいて民主的な社会をつくろうとする力と、戦前の社会教育の体質を残そうとする力、さらには資本主義陣営に日本を囲い込む占領政策の力が複雑に絡み合って展開された。

そのような矛盾は、社会教育法が制定されて間もない一九五一年の社会教育法改正から、現実的な問題になっていく。五一年の改正では、第九条の二以降を追加するかたちで、社会教育主事及び社会教育主事補に関する規定が追加された。社会教育法の制定時には明記されなかった社会教育の職員に関する規定が設けられることは評価される面もあるが、法に根拠をもつ社会教育の職員は、住民の学習の統制につながりかねないと警戒された。

新設された第九条の三では、「社会教育主事は、社会教育を行う者に専門的技術的な助言と指導を与える。但し、命令及び監督をしてはならない」とされたが、国会審議では、社会教育局長が積極的に助言や指導を行うことが必要との回答があったものの、命令や監督を行った場合の罰則についての質問には明確な回答はなかった。そのような点で、社会教育主事が住民の学習を統制する可能性があると考えられた(13)。しかし、社会教育主事の養成は大学で行われるとされたことは、教員養成と同様に、学問の自由を尊重して養成されることを明らかにしたという意味で重要である(14)。

一九五三年に制定された青年学級振興法においては、五一年の社会教育法改正よりも明らかに学習への統制の意図がみられた。第二条（定義）で「実際生活に必要な職業又は家事に関する知識及び技能を習得させ、並びにその一般的教養を向上させること」が目的とされ、青年は学習させられる客体とされた。また、第九条（青年学級主事）で「青年学級主事は、上司の命を受けて、青年学級に関する事務をつかさどり、学級生の指導に当る」とされた。自立して職務に当たるのではなく「上司の命」に従って「学級生の指導」を行う青年学級主事の働き方は、勤労青年の自由な学習を統制する可能性が高いものと考えられた(15)。

このような青年学級の法制化について、日本青年団協議会は定時制高校の充実を求めていたものの、青年の学習要求を一定程度満たすものとして、一九五一年の大会では賛成したが、翌年の大会では、青年の学習が統制されると考え、青年学級の法制化に反対した。しかし、青年学級振興法は成立した。このような状況の中で、日本青年団協議会は一九五三年に「共同学習」を提起し、五四年に『共同学習の手引き』を刊行した。法制化された青年学級とは違う自分たちが求める学習の姿を示し、それを実践することを呼びかけたのである。(16)

社会教育法の改正や青年学級振興法制定をめぐる矛盾がより大きなかたちで出てきたのが一九五九年の社会教育法改正である。この改正では、一つに、第九条の二で社会教育主事を市町村に必置にするとともに、同条の四で社会教育主事の養成が大学以外での講習でも行えるようにし、二つに、第一三条を改正して、社会教育関係団体に補助金が支出できるようにした。そして三つに、第一七条第三項を新設して、教育委員会に意見をいうべき社会教育委員が青少年教育について助言や指導を行うことができることにし、四つに、第二三条の二を新設して、文部大臣が「公民館の設置及び運営上の基準」を定め、同条第二項で文部大臣及び都道府県教育委員会がその基準に従って「指導、助言その他援助に努める」ことになった。(17)

社会教育主事が市町村に必置されることは評価されることであるが、大学以外でも養成されることになれば、そこに権力的な統制をかけることが可能になる。また、社会教育関係団体への補助金支出によって、住民の学習や文化活動が盛んになるとも考えられるが、団体を差別化し統制することが可能になる。さらに、「助言や指導」という社会教育法の文言を使っているものの、社会教育委員にそのような役割を与えたり、文部大臣や教育委員会に公民館の設置だけなく運営にまで踏み込むことを認めることには、自由な学習が阻害される可能性がある。

このようなことから、この改正をめぐって、社会教育関係者で意見が分かれた。全国公民館連絡協議会は公民館の振興に社会教育法の改正が必要との理由で、法改正の早期実現を要望し、ボーイスカウト日本連盟や日本海洋少年団、ユースホステル協会、日本青少年赤十字団などは補助金支出に期待をして法改正に賛成した。それに対して、日本社会教育学会は法改正によって政党や官僚の支配が行われる危険性があると指摘し、日本青年団協議会や社会教育研究学生連絡協議会、婦人団体十数団体の懇談会は法改正反対を表明した。また、政党では、自民党青年局がパンフレット「なぜ社会教育法を改正するか―その趣旨と質疑応答―」を配布し、それに対抗して、社会党はパンフレット「社会教育法改正のねらい」を発行して改正案の危険性を訴えた。(18)

社会教育の発展と統制をめぐる問題は、同時期にあらわれた学校教育や教育行政をめぐる問題ともかかわるものと考えられる。教育二法反対運動（「教育公務員特例法の一部を改正する法律」「義務教育諸学校における教育の政治的中立に関する臨時措置法」一九五四年）や勤評反対闘争（文部省指導による都道府県教育長協議会の勤務評定試案、一九五七年）、特設「道徳」反対運動（学習指導要領での「道徳時間」の設定、一九五八年）など、学校教育への国家統制への国民の反対運動が起きたことと考え合わせると、楽観的に法改正の可能性を信じるわけにはいかないことであった。

社会教育における「内在的矛盾」の自覚

社会教育法制をめぐるこのような矛盾構造については、社会教育実践にも反映される。そのことを自覚して、津高正文は社会教育の行政と職員が自主的な学習活動を阻害することになりかねないことを前提として、「せいぜいのところ側役をつとめるのが精一杯」であることを自覚して、少しずつ敵対的な性格を弱めて協力者になっていくべきであると指摘した。(19)そのような中で、民衆の自主的な社会教育運動と結びついた教育文化運動こそが社会教育の本質ととらえていた福尾武彦も、公権力とのかかわりをもつ社会教育にも注目して、両者を区別したうえで相互作用があるとした。(20)そして千野陽一は、社会教育の研究として、国民の自己教育運動の豊かな蓄積を紹介しながら、それを支える社会教育法制の国民的再解釈を行うことの必要性を提起した。(21)

このような議論を受け止めて、小川利夫は、民衆が求める学習と権力が求める学習は矛盾するものではあるが、民主主義を標榜し、法律にもとづいて国や社会が動く場合には、両者の矛盾は「外在的」なものから「内在的」なものにならざるをえないと次のように指摘した(22)。

> 社会教育研究の独自の対象は、「社会教育活動と『国民の自己教育』運動との矛盾」を歴史的・現実的にあきらかにすることにあるといってよい。しかし、いま念のためにつけくわえるなら、そのさい問題は両者のいわば外在的な矛盾にあるだけではない。そこでは公教育形態としての社会教育実践（社会教育政策、行財政、とりわけ社会教育活動）そのものに内在的な矛盾を問題にしていくことこそが、今日とりわけ重要な社会教育の理論的かつ実践的な課題としてとらえられる必要がある。というのは、両者における外在的な矛盾の歴史的発展は、一方では、公権力作用としての社会教育行（財）政をともなう諸活動が一定の法にもとづいて「国民の自己教育」運動に関与することを義務づけていく必然性をもっていると同時に、他方では、一定の法にもとづいて要請されるはずの社会教育行（財）政とりわけ社会教育活動の公共的機能は、それを現実的に支配する政治権力の階級性との矛盾をさらに深化し激化させていく必然性をもっているとみられるからである。
>
> ところで、いわゆる社会教育の「民主主義」的性格構造、とりわけその矛盾構造を右のようにとらえるなら、これまでの社会教育本質論の最大の欠陥は、法概念としての社会教育を必ずしもその理論的構成の前面にすえていない点にあるといえるだろう。

社会教育をめぐる「内在的な矛盾」とは、戦前の社会のように絶対的な力に人びとが従わされるのでなく、民主主義的な装いをもって改革が提案されるということである。それに対して、それは社会教育を発展させるものなのか、学習の統制につながるものなのかを検討しなければならないということである。その意味では、このような議論に前後して、総合社会教育計画や自治公民館など地域づくりとかかわりをもつ社会教育実践が提起されたが、それらは住民の統制や動員になっていないか厳しく評価する必要がある。また、恵まれない環境の中で育つ子ども・若者への教育機会の提供も、産業社会を支える人材養成に堕していないかを見極める必要がある。

このように考えると、「法概念としての社会教育」とは条文を表面的に読むだけではなく、きわめて歴史的なものである。そこでは、社会教育そのものの歴史に照らして考えることが求められるとともに、生活課題とそれにかかわる政治的な動向、社会教育の行政や施設の運営をめぐる対立、生活課題に取り組む住民の学習を阻害するものなどを総合的に検討することになる。このように、住民の学習課題と制度・運動・計画・実践の総体をとらえて、国民の学習権を真に保障する住民と職員を中心とした運動的な概念として、「権利としての社会教育」が提唱された(23)。

地域・自治体における民主主義と公民館

民衆の求める学習と権力が求める学習の「内在的な矛盾」は、住民が参加して地域づくりをすすめることをめぐって論争的な課題になる。

文部省は総合社会教育計画を提唱し、社会教育は一般行政が行う事業と重なるところがあることから、総合調整が必要であると指摘した。一九五二年に出された『社会教育の手引き—地方教育委員会の手引き—』では、教育行政の独立性を確保することを前提としているが、農業基本法にもとづく農業構造改善事業や工場誘致を軸とした総合開発計画が策定されるようになると、社会教育はそれに従属するかたちになることが多くなった。

このような状況の中で、一九五九年に鳥取県倉吉(くらよし)市で、「区」と地区公民館を一体化することが市長から自治連合会総会に提案され、「自治公民館」が発足した。自治公民館は地域課題をめぐって住民の学習と活動が統合されると評価される一方で、[24]行政の「合理化」に組み込まれる危険性が高く、その歯止めになる地域の民主主義的な運動との連携がみられないと批判された。[25]

このような論争に対して、倉吉市の場合は、社会教育職員集団の中には一般行政との緊張関係はあったものの、住民の民主主義的な運動が弱かったために、自治公民館が先進的な意味をもてなかったが、京都府久美浜町の自治公民館は、住民の民主主義的な運動と結びついていたとの指摘がなされている。住民の中に、自治体合併や病院の合理化、学校の統廃合、学校寄付金などをめぐる住民運動があり、それと公務労働者の運動が一体となって、自治公民館を支える条件になっていたというのである。[26]

自治公民館をめぐるこのような議論から学ぶべきことは、民衆の求める学習と権力が求める学習の「内在的な矛盾」が確かにあるということであり、そのような中で、住民の学習が権力に絡めとられない歯止めを住民の民主主義的な運動に求めたということである。

地域の民主主義的運動と社会教育ということに関しては、一九六三年に大阪府枚方市の社会教育委員の会が出した「社会教育をすべての市民に―枚方市における社会教育の今後のあり方―」（枚方テーゼ）が注目される。枚方市は大阪の衛星都市であり、母親大会の開催や府立高校の誘致、文化会館や保育所の設置、安保共闘など、市民運動が盛んであった。そしてそのような力が結集して、「枚方地域民主主義研究討論集会」や「憲法を守る市民集会」も開催されていた。このような市民運動に市の職員労働組合も参加し、運動における学習の重要性や自治体を民主化する公務労働者の役割、原則的理念を明示することの有効性を念頭に置いて書かれたのが枚方テーゼである。[27]

そこでは、社会教育は、①社会教育の主体は市民である、②社会教育は国民の権利である、③社会教育の本質は憲法学習である、④社会教育は住民自治の力となるものである、⑤社会教育は大衆運動の教育的側面である、⑥社会教育は民主主義を育て、培い、守るものであるととらえられている。各項目にはそれぞれ当時の問題状況が率直に書かれており、④の「住民自治の力」にかかわっては、「戦後民主主義の担い手である新中間層や組織労働者が、日常の保健、清掃、社会福祉、教育、土木というもっとも身近かな仕事をしている地方行財政のことにほとんど無関心であり、また、税金、社会保障、生活環境などの問題にまともに取組むことを怠ってきた」ために、住民自治が未だ実現していないと指摘されている。(28)

このような地域・自治体の民主主義的運動を社会教育に反映して取り組まれたのが、一九六七年に京都府が社会教育事業としてはじめた「ろばた懇談会」である。これは京都府政の「憲法をくらしに生かそう」という施政方針にもとづいて、地方自治の主体形成をめざすものとして、住民同士の話し合いを通して、地域課題を発見し、それに取り組むものであった。しかしそれを実践することは、「住民活動との結合が、結果としては住民活動へのよりかかりに堕して学習活動が蒸発しかねないことが危惧される。一方、当面の地域課題への解決の成否によって活動が評価されて、その過程ですすめられるべき意識変革や人間的成長の課題が見捨てられる危険も、十分に予測される」というように並大抵のことではなかったといわれている。(29)

このことを克服するために、ろばた懇談会では「推進のしくみ」を丁寧に作成し、実施地域の指定にあたって市町村教育委員会からの推薦をもとにする、実施地域には公民館関係者や有志で「世話役」集団を構成する、一五人～二〇人の人数で三時間の集会を年間三回開催する、助言者として行政機関幹部および専門家を派遣することにした。行政機関幹部を助言者にすることは、住民の学習を行政的に方向づける可能性もあるが、情報・資料の提供者として位置づけられ、社会教育主事と並んで派遣されることでその危険を回避しようとした。そのうえで、次のようなかたちで、一般行政担当者もともに学ぶ場としてろばた懇談会が期待されたのである。(30)

一般行政担当者には、住民の提起する課題とかかわって、行政方針や施策の現状を住民の前に明らかにしながら、住民との討議を通じて、行政施策が真に住民のためのものになっているかどうか、いま住民が最も必要としているものは何か、を再検討するとともに、必要な施策が何故に実施できないのかということについても、その背景や原因を客観的につきとめ、住民とともに障害を除去する方策を検討する、という対応が期待されている。換言すれば、「助言者」の任務を果しつつ、一般行政担当者が「ろばこん」を自己学習の場としてとらえなおすことが期待されているのである。「ろばこん」がいわゆる行政懇談会に留まらず、学習の場にまで高まる上で、行政各分野の担当者すなわち「助言者」のこのような対応は不可欠の要件であろうと思われる。

このようなろばた懇談会から学ぶべきことは、住民が学習を通して地域づくりに参加するためには、地域・自治体の民主主義の基盤と結びつくことが必要であり、安易に活動に流されないで学習として豊かな展開を保障する仕組みが必要であるということであり、とりわけ、一般行政職員が情報提供をしながら、自らの取り組みを住民の立場からふり返ることである。このことで、社会教育は総合開発政策に従属させられるのではなく、それを住民主体のものとすることができるのである。

自己教育力を高める社会教育労働の本質

社会教育が地域・自治体における民主主義のあり方、とりわけ公務労働者の意識と実践にかかわることを提起したのは、一九六五年に長野県飯田・下伊那(しもいな)主事会によって発表された「公民館主事の性格と役割」(下伊那テーゼ)である。

当時、農山村は農業基本法体制によって農業の大規模化と機械化が求められ、工場進出をはかるために水と土地の収奪が行われようとしていた。それに加えて、飯田・下伊那地域では、大規模水害をきっかけに農業経営が危機に陥り、それに代わって復旧事業の日雇い労働が広がっていた。「農民が、生産の場においても、生活を守る砦であるはずの自治体行政においても、収奪と支配を強められて、団結するすべを失い限りなく個別化し分散化していく姿を、公民館職員はおのれの非力をヒシヒシと感じつつも、いっときは、どうしようもない思いで奥歯を噛む以外になかった」という状況の中から、公民館主事集団が社会教育の本質をふまえて社会教育労働のあり方にまで踏み込んで提起したのが「下伊那テーゼ」である。(31)

「下伊那テーゼ」は「公民館主事の性格と役割」というタイトルから、公民館職員のあり方を提起したものであり、それは「教育の専門職」であるとともに「自治体労働者」として「働く国民大衆から学んで学習内容を編成する」とともに「社会教育行政の民主化を住民とともにかちとっていく」ことであるととらえられている。しかし見落としてはならないのは、公民館の仕事を「歴史の流れの中で、より人間らしく生きぬこうとする人間をつくっていく」ことと考え、それを「民主的社会教育」ととらえていることである。人びとが人間らしく生きる権利を自覚し、実践できる力を身につけられるように、公民館主事が働きかけ、それを支援する教育行政を確立していくことが提起されているのである。(32)

このように、自己教育の組織化を社会教育の本質ととらえ、それを公教育で保障しようとすると、公務労働としての社会教育労働はどのようであるべきかが問われる。このことについて、「下伊那テーゼ」の起草にもかかわった島田修一は次のように指摘している。(33)

　自発的な意思で組織される社会教育においては、個人の学習要求は新しい情報や他の学習経験との交流なしには発展しにくく、自己教育としての本質に即した発展のためには、人びとの周囲に学習を触発し発展させる条件が数多く用意される必要がある。社会教育が本質的にパブリックなものとして形成され発展する根拠がここにある。

社会教育における教育実践は、この点をふまえた学習集団の組織化とその集団の自己教育機能を高める働きかけととらえられる。この働きかけが個別的・特殊的なものとしてではなく、住民の意思と直結し、公費によって設置され、住民にひらかれて自立的に運営される教育文化施設の教育活動としてなされるとき、社会教育労働の公教育性は明確なイメージをもってえがかれる。

ここでは、公教育としての社会教育は、個人の学習要求を満たしながらも、新しい情報や経験とつながる状況をつくり、そこで学んだ人びとが自己教育の力を高められるようにすることだととらえられている。そしてそこから、社会教育実践として、科学的な知見と結びつくことが注目された。

一九六〇年からはじまる信濃生産大学では、農業基本法制のもとで厳しくなる農業経営の学習が、地域での学習サークルから郡市単位のセミナーそして全県的な農民大学へと構造化するとともに、講義と現地報告、分散討議を組み合わせて行われた。また、三島・沼津コンビナート反対運動の中では、大気汚染の公害を経験した四日市を視察するとともに、高校教師の支援を得て大気調査を行うことで、住民の中に自治意識が形成されるとともにその運動で計画が撤回されることになった。(34)

このように、人びとが日常生活から現代社会を問う学習をはじめることで社会教育実践が成立し、成人の学習内容編成の観点が明確になるとされている。その際、人びとの関心は、教育問題や健康問題、福祉問題、環境問題、地域経済問題などであり、それらは「新しい基本権」として、テクノロジーの進歩によって生まれた人間疎外を回復させようとするものである。このことをふまえて藤岡貞彦は、社会教育の学習内容編成は「学問世界への生活者の参入」のもとで、「現代人権の民衆的自覚」をめざして行われなければならないと指摘した。(35)

高度な産業化の中で、地域社会がそれに組み込まれて、人びとに生活困難をもたらしている。それは地域産業の衰退や公害のように、地域住民すべてにかかわることであるとともに、子ども・若者の進路、すなわち産業社会への組み込まれ方をめぐって鋭くあらわれる。その意味で、「現代人権の民衆的自覚」において、地域づくりと教育福祉は中心的な課題であるということができる。

都市化と社会教育施設の条件整備

高度経済成長によって急激な都市化がすすむが、その中で公民館のあり方を提起したのが、一九六〇年代半ばに三多摩社会教育懇談会で共有された「都市社会教育論の構想」（公民館三階建論）であり、七四年に東京都教育庁社会教育部によって発表された「新しい公民館像をめざして」（三多摩テーゼ）である。

「公民館三階建論」では、都市公民館の機能を施設のイメージと重ねて、「一階では、体育・レクリエーションまたは社交を主とした諸活動がおこなわれ、二階では、グループ・サークルの集団的な学習、文化活動がおこなわれている。そして三階では、社会科学や自然科学についての基礎的な講座や現代史の学習についての講座が系統的におこなわれている」と描かれた[36]。これは都市で孤立する人を念頭に置いた公民館のイメージとして提案されたものであり、それを共有しようとした三多摩社会教育懇談会では、「東京における三多摩問題の意味を明らかにし、三多摩における社会教育問題をはっきりつかむなかで、自治体変革、都政変革に迫りうる基本的な方向と課題を追求すること」がめざされていた[37]。高度経済成長による人口流入が急速にすすむ中で、都市機能が未整備で二三区との格差が顕著な多摩地域の地域・自治体問題を考えるための拠点として公民館が位置づけられたのである。

このような三多摩社会教育懇談会でのイメージとも重なって、一九七四年に「新しい公民館像をめざして」

（三多摩テーゼ）が発表された。その構成は、第一部「新しい公民館像をめざして」の内容が「公民館とは何か―四つの役割―」「公民館運営の基本―七つの原則―」「公民館の施設」「いま何をめざすべきか」であり、第二部「公民館職員の役割」の内容が「基本的な役割」「組織体制」「職務内容」「勤務条件」「任用」「研修」「職員集団」であり、最後に「公民館主事の宣言（提案）」が掲げられている。

「三多摩テーゼ」は、このような総合的な視点をもつものであり、①公民館は住民の自由なたまり場です、②公民館は住民の集団活動の拠点です、③公民館は住民にとっての「私の大学」です、④公民館は住民による文化創造のひろばです、という「四つの役割」や、①自由と均等の原則、②無料の原則、③学習文化機関としての独自性の原則、④職員必置の原則、⑤地域配置の原則、⑥豊かな施設整備の原則、⑦住民参加の原則、という「七つの原則」が理想的なものであることから、生活問題から遊離したもののように思われがちである。

しかし見落としてならないのは、「東京・三多摩におけるはげしい過密・都市化の現象は、地域のなかでの住民の豊かな文化的生存のための条件を悪化させています。他方で住民のなかに主権者意識の成熟があり、また国民（おとな）の学習権の思想のひろがりがみられます。そのなかから、住民が日常的に集会し、学習し、文化活動をいとなむ要求、それを公的に保障するための施設・職員にたいする要求、のたかまりがみられるようになりました」と指摘されているように、都市化の中での生活課題を見据え、それに取り組む住民運動を支援する学習が展望されていることである。[38] また、「公民館職員は、すべての住民の文化的生存権・学習権を広汎に保障する公的社会教育の一翼に参加し、そのためにせい一杯の役割を果たさなければなりません」と述べられているように、困難をかかえている人のことも含んで考えられている。[39]

社会の変化にともなう生活課題を考える社会教育のあり方が、住民の身近な自治体で検討される一方で、国も力を入れて検討した。一九七一年に社会教育審議会答申「急激な社会構造の変化に対処する社会教育のあり方について」が出され、それと連動するように、同年に都道府県社会教育主幹課長会議で「社会教育法改正に関する一五の問題点」が出された。そこでは、社会教育関係団体を登録制にすることや社会教育主事の上に「社会教育参事」を置いて職階を設けること、「社会教育振興財団構想」で第三セクター化することなどが提起され、法改正にまでは至らなかったもののその後の社会教育の体制に大きな影響を与えた。

都市化の中で公民館の仕事のあるべき姿が提起される一方で、職階制の導入や第三セクター化がすすめられようとする中で、公民館主事の集団的な力が高まっていった。労働者であり教育者である立場からの要求が職場を組織化することにつながり、そのようにして形成された自治体の労働運動が市民のさまざまな運動と結びつくようになったのである。[40] そしてこのことは、その後、社会教育の条件整備の議論につながっていく。「三多摩テーゼ」の起草にもかかわった小林文人は、それまでの公民館の基準に言及している文書を検討した結果、一つに、基準の低さと基準論の貧しさ、二つに、基準の数値の恣意性、三つに、基準概念の曖昧さ、四つに、基準の「発達的視点」の欠落という問題があると指摘したうえで、次のことを提起している。[41]

外的事項としての条件整備が基本ではあるが、内的事項にかかわるいわゆる「混合事項」（兼子）をも含んでいることになろう。しかし課題はむしろ「国民の学習権」保障を実現していく上でどのような条件なり基準が必要であるかを明らかにすることである。つまり内的事項としての社会教育実践の視点から外的事項としての条件・基準のあり方を問う必要がある。その意味で、基準法制論の前提として、内的事項と外的事項の問題を統一して把握する観点が必要であろう。学習権保障としての社会教育実践がいかにあるべきか、そのためにいかなる条件整備が必要であるか、という問いは連動しなければならない。

社会教育の条件整備論は、教育の内的事項とかかわらせて外的事項のあり方を確定することを提起したが、その背景には、急激な都市化の中で発生する地域・自治体の課題に対する学習をすすめること、その中で、困難をかかえている人の課題を取り上げていくことがめざされている。

「青年期の資本主義的性格」と教育福祉

地域課題への取り組みと「学習の自由」をめぐるこれまで述べてきたことと並行して、青年期教育の課題、とりわけ産業社会の中での自己疎外と教育機会からの排除にかかわって、焦点的な課題になったのが後期中等教育である。それは当初、高校進学率が低く、進学できる青年とできない青年が存在しているという問題であったが、六〇年代に本格化する高度経済成長期には、高校進学率が上昇するものの、それが、資本主義社会のもとで能力主義的に編成されていることが指摘された(42)。

元来青年の青年たる所以は、学生たると働く青年たるとを問わず、彼らが社会=生理的に「新しい社会」の基本的な問題状況を集約的に体現する点にある。現象的にはもちろん両者の間に多くの異相がみられないわけではない。しかし、にもかかわらず彼らはともに「社会的弱者」として、青年期の資本主義的性格をますます現代的に共有しつつあるように思われる。そこには少なくとも二つの青年期のいわば否定的な接近の姿がみられる。そうした状況は一見悲しむべき現象にみえるが、その姿に注目することこそ、現代における青年期の課題、とりわけ教育実践上の積極的な契機として必要不可欠な課題であると思われる。

ところで、いま念のためにつけ加えるなら、ここで二つの青年期の「否定的接近」というのは、学生が学生でなくなり、働く青年が働く青年でなくなることを意味するわけではない。一方で、そのような消極的側面を否定しえないが、他方では逆に、学生が学生であろうとし、働く青年が働く青年であろうとすればするほど、両者の生活感情や精神状況そのもの（いいかえるなら、青年風俗としての思想状況そのもの）が、ますます奇妙にもある種の共通した壁につきあたらざるをえなくなることを意味する。現代の青年期における人間疎外の状況は、この意味においてかつてとは比較にならぬほど矛盾を深化させていると思われる。

このようなことから、青年期教育の研究は、希望者全員の高校進学を実現させる運動に注目しながらも、進路指導を糸口とした中等教育観の問い直しと、勤労青年や農業青年の自己教育運動に力が注がれた。これから社会に出ようとする子どもや社会に出て間もない青年に集中的に社会の問題があらわれ、そのことで学生も勤労青年も不安定さをかかえ、自己否定につながっている。そのことが「青年期の資本主義的性格」と表現されたのである。

そしてその延長線上で、小川利夫はへき地漁村や都市の子どもの貧困、児童養護施設で暮らす子どもの高校進学問題、中卒集団就職者の自立過程などに注目して、教育福祉論を提起した。教育福祉とは、教育と福祉の統一的保障によって、貧困や障害、差別による困難を克服しようとするものである。しかしそれは、困難をかかえた子ども・青年にかかわるだけでなく、すべての子ども・青年にかかわることと考えられた。「六〇年代における全国高校進学率の未曾有の上昇傾向は、基本的には『所得倍増』政策の結果ではなく、むしろ、それにともなう社会的な『不安定＝層』の増大によるものである。そうとらえるときにはじめて、『教育福祉』問題は貧困児童の問題でありながら、同時に、日本の児童全体の教育と福祉のあり方にかかわる基本問題として積極的に位置づけられるであろう」という認識に立って提起されたのである。(43)

高度経済成長によって人びとが貧困から解放されたという一般的な気運に流されることなく、教育福祉は不安定層の増大という視点から、多くの子ども・青年にかかわる課題であるとされた。このことによって、教育福祉は学校教育の改革をすすめる可能性をひらくとともに、社会教育においても重要な視点となった。教育福祉と結びついた社会教育は「権利としての社会教育」として探求されるとともに、これを特化させて「人権としての社会教育」ともいい得るものと考えられた(44)。

このような教育福祉への関心は、経済大国になった日本社会の中で、あまり高まらず、それに加えて、一九八〇年代にアメリカで主張された「アンダークラス論」や「援助に値しない貧困な人びと（The Undeserving Poor）」などの貧困敵視の議論からも影響を受けた。またこの時期に、不登校や虐待、いじめへの社会的関心が高まったが、それに対しては心理的な対応が中心となり、資本主義社会の構造的な矛盾として課題をとらえる意識は高まらなかった。

しかし一九九〇年代半ばになると、所得格差が大きくなってきていることや貧困率がデータで示され(45)、このこととも関連して、教育社会学の領域から、知識エリートは特定の階層の中で再生産されていることが指摘されるようになる(46)。貧困な環境にある子どもたちが学力や進路のうえで不利な状態にあり、高校卒業後に「自分の物語」を再構成する支援の必要が訴えられるようになった(47)。また、また貧困研究でも、経済的に貧しいことが帰属意識をもてないことにつながり、それが社会的に排除されることにつながることが指摘されるようになった(48)。このような中で、教育福祉への関心が高まり、貧困や障害、差別にかかわる今日的な課題が明らかにされるとともに、それらが学校改革と地域づくりにつながるものであることが改めて指摘されている(49)。

4　「生涯学習体系への移行」と教育基本法改正

生涯教育の提唱と臨時教育審議会の受け止め

生涯教育という考え方がはじめて国際的な議論になったのは、一九六五年のユネスコ成人教育推進委員会においてであるが、そこでは、生涯学び続けることは大事だというような一般的なことが提案されたわけではない。社会の変化が激しくなる中で、人生の各時期の教育を統合するとともに、学校と社会・職場を関連させて教育を行うことが次のように提起された(50)。

ユネスコは、誕生から死に至るまで、人間の一生を通して行われる教育の過程―それゆえに全体として統合的であることが必要な教育の過程―をつくりあげ、活動させる原理として生涯教育という構想を承認すべきである。そのため、人の一生という時系列にそった垂直的次元と個人および社会の生活全体にわたる水平的次元の双方について必要な統合を達成すべきである。

このようなユネスコの生涯学習の考えが出された後、日本では、一九七一年の社会教育審議会答申「急激な社会構造の変化に対処する社会教育のあり方について」で人生の各時期の社会教育の課題をあげ、同年の中央教育審議会答申では、学校教育と社会教育の連携の必要が指摘された。また、八一年の中央教育審議会答申「生涯教育について」では、大学が社会人の受け入れを積極的に行うことが提起された。

一九七〇年代から八〇年代前半のこのような生涯教育の受け止めを大きく展開したのが、一九八四年に設置された臨時教育審議会である。八六年の第二次答申で、「生涯学習体系への移行」が改革理念として提起され、そこでは、平均寿命の延伸と余暇時間の増大の中で生涯学習が求められているとも書かれているが、注目されるのは「生涯職業能力開発」ということである。国際競争が激しくなり市場のグローバル化がすすもうとしている中で、大学受験が終われば勉強しなくなる「学歴社会」を改めて、いつ学んでも適正に評価される「学習社会」をつくる必要があり、そのために、学歴ではなく資格で能力を評価する仕組みが構想された。

このことは、大学生の学習や社会人の学習を強化することを求めるものであるが、小学校から高校までの教育にも影響を与えた。学校教育は「生涯学習体系」の初期の段階で、新しいことを学ぶことへ関心や意欲を育み、科学の基礎を身につけるとともに、科学の力で課題を解決する経験をすることで、生涯にわたって学習に取り組む芽を育てることが求められたのである。

このような生涯学習政策は、受験学力偏重の学校教育を変革し、職業・技術教育を正当に位置づけるとともに、大学や大学院で職業人が教育を受け、共同研究に参加することに道をひらくものであるが[51]、人びとを生涯にわたる競争に巻き込むことも懸念された[52]。また、「生涯教育」ではなく「生涯学習」とすることで、「新しい柔軟な教育ネットワーク」の中で、個人が自分の判断と責任で学習することが提起されたが、これは住民の学習を公的に保障することを理念とした社会教育を否定する側面ももっていた[53]。このような多義的で曖昧な生涯学習に実体を与えるために、その条件整備をすすめるための地域・自治体における生涯学習計画の策定方法や基準を明確にする方途が示された[54]。また、生涯学習が個人主義的になることを批判して、社会の閉塞状況を打ち破るために「社会的文化の活性化」が必要であり、そのためには地域に根ざした社会教育の充実とあわせて生涯学習を推進することが必要であることも指摘された[55]。

学校教育と地域や職場での学習を結びつけることを提起した生涯学習は、国際的な経済競争で生き残るために、生涯にわたる職業能力開発をすすめるものと位置づけられ、それを支える初等・中等教育の改革を求めた。しかしそれだけであれば、生涯学習は変化が激しい経済社会に個人的に対応するための道具に終わってしまう。このようなことを意識して、人間の全面的な発達と社会の民主的発展をめざす対抗的な生涯学習の理念と条件整備の考え方が提起された。

社会的排除を克服する生涯学習

生涯の各時期の学習や学校教育と社会教育の連携が「生涯職業能力開発」に結びついていった日本の生涯学習政策に対して、国際的な生涯学習はそれとは違った展開をした。

ユネスコ国際成人教育会議では、一九七二年の第三回会議で、学習機会から排除された「忘れられた人びと」への重点的な施策の必要が指摘され、八〇年の第四回会議で採択された「学習権（宣言）」で、人びとが「自らの歴史をつくる主体」になっていくことが謳われた。そして九七年の第五回会議で、「持続可能な発展」のために、人権の保障とすべての人の社会参加のための学習が必要であるとされた。このように、貧困や障害、性、民族、ジェンダー、年齢などで社会的に排除された人びとが、社会に参加する主体になり、その過程で自己を高めるものとして生涯学習が位置づけられるようになったのである。

このような議論の背景には、国際的には南北問題が深刻になり、それぞれの国の中でも格差が広がっていることを見逃せないという理解がある。それに大きな影響を与えたのが、Ｐ・フレイレが提起した「解放の教育学」であり、[56]ユネスコの生涯学習の責任者であったＥ・ジェルピは、そのことを受け止めて「自己決定学習（self-directed learning）」を提起した。一方的な知識の伝達でもなければ個人の独学でもなく、社会参加をともなった共

同的な学習のあり方が次のように述べられている。(57)

> 進歩的な生涯教育政策のもっとも基本的な原則の一つは、社会参加（コミットメント）であることは明らかである。そして、社会―政治教育と経済の教育がその不可欠な要素となる。もし人が、変革、社会変動、価値や権威関係の危機をつくり出すことに成功しないならば、労働の場や教育的生活でこれからの新しいアプローチを実践しつつある人々に抑圧の力が押しかぶさってくることになるだろう。
>
> 進歩的な生涯教育を構成する三つの要素は、自己決定学習であり、個人の動機（モチヴェイション）に応えるものであり、新しい生活のなかで発展する学習のシステムである。そして、単なる知識の伝達にとどまらないダイナミックな教育過程（プロセス）の諸要素を構成するもの、それは教育運動を創造している実践家、単なるアカデミズムだけでなく生きた文化も表現する教育者達、さらに労働条件の改善や労働組合の変革に向けての教育活動等なのである。

ジェルピの提起は、住民の自由な学習とそれに対する権力との矛盾の中で社会教育実践を展開してきた人びとに大きな励ましを与えた。一九八七年に全日本自治団体労働組合（自治労）大都市教育支部連絡協議会と日本社会教育学会有志でジェルピを招聘し、東京、川崎、大阪、福岡、沖縄で、それぞれ異なった講演を行い、社会教育にかかわる多くの職員と研究者との交流がなされた。(58) このような取り組みを通して、ジェルピと日本の関係者の間で、教育の差別的構造の解消のために地域からの教育改革をすすめる方法として生涯教育を位置づけることが共有されたが、その中でジェルピによって、「ｆｏｒ（……のために）よりもｂｙ（……による）の問題をもっと重視し、具体化していく必要があるということ」すなわち「変革の主体の形成が第一義的な問題」であることが強調されたと指摘されている。(59)

このようなユネスコの生涯教育は、おのずと人権・平和とかかわって提起された「第三世代の人権」ともかかわるものになる。自由のための「第一世代の人権」や社会的な平等のための「第二世代の人権」に加えて、人びとが連帯できる権利として「第三世代の人権」が提起されていたのである。このことに注目して、労働組合活動を典型とする階級闘争的な権利保障とは違って、「差異」があることを権利として認め合う「共生」がもつ政治的ポテンシャルに注目する議論も生まれてくる。(60)

抑圧された人びとのための「解放の教育学」が、ユネスコの生涯学習に、すべての人に教育機会を提供し人権を実現させるという方向性を与えた。そしてこのような国際的な議論は、「権利としての社会教育」を求めていた日本の実践と研究を励ますものであった。

「統合的生涯学習システム」と社会への参加と協同

生涯学習は生涯にわたる職業能力の開発にも社会的排除を克服することにもかかわる。また、この二つは必ずしも二律背反の関係にあるわけではなく、社会に参加する有力な方法として、相乗効果が期待されることもある。

このようなことから、各国の伝統もふまえて「生涯学習」（lifelong learning）にかかわる用語がさまざまに生み出されることになった。イギリスやアメリカでは「成人教育」（adult education）や「コミュニティ教育」（community education）、ドイツやフランスでは「民衆教育」（Volksbildung, éducation populaire）、開発途上国では「ノンフォーマル教育」（non-formal education）という用語が広がっている。また、国際機関であるユネスコやＯＥＣＤでは「継続教育」（continuing education）や「リカレント教育」（recurrent education）という用語がよく使われる。これらは生涯学習に関連する用語の一部であり、「研究の分野であれ、政策領域であれ、成人教育は急激に発展している事象となっており、そのダイナミックな変化についていくことは困難になりつつある」というほどの状況になっている。(61) 生涯学習にかかわる用語の多くは、社会の民主化と人びとが社会参加を求めるものであり、フォーマル教育とノンフォーマル教育の統合、生涯学習と職業訓練の統合、国をこえた能力の証明、教育機会の活用の促進など「統合的生涯学習システム」を構築することが課題となっている。(62)

このような中で、ドイツやデンマーク、スウェーデン、ノルウェー、ブルガリア、ポーランド、ロシアなどで、社会教育と社会福祉の援助活動を統合した「社会教育（Sozialpaedagogik）」という概念が生まれ、その専門家養成も行われるようになってきている。(63) 子ども・若者が社会に参加することができなかった場合に、基礎学力の取り戻しや資格の取得、社会復帰や家族再統合の支援、文化・表現活動、相談援助やセラピーを組み合わせた「総合社会活動（Soziale Arbeit）」が用意される。(64) そこで社会教育が果たす役割は、「展望を失った」人の「魂の世話」であり、それは利益を最優先にする今日の社会の中で起きている問題を克服することとあわせて考えられなければならない。そこでの支援の本質は、自分固有の立脚点から世界を意識的に取り込むことによって、「自己決定的生活世界」をもてるように支援することである。そのためには、「公正な共同体」といい得る場が必要であり、それをつくり機能させていく「社会空間指導」を行うことが支援者に求められている。(65)

このような海外の動向に学びながら、家庭でも学校でもない「第三の領域」に注目し、その仕組みとそこで働く支援者の専門的な能力が求められるようになっている。そこで注目されることは、カウンセリングやソーシャルワークよりも幅広い「場」を通した支援であり、「力の不均等」「応答関係」「共同の活動・共生的な関係性」「協同的な実践」に注目することである。そしてそこでは、支援にかかわる人自身が自分の価値観を疑うセンスが必要であり、それをターゲット支援だけでなくユニバーサル支援も含むものとして展開していくことが求められている。(66)

また、若者支援の実践に取り組むＮＰＯからは、居場所での対話を通して「自己のイメージのつくりなおし」を行うとともに、そこに「批判的な学び」を介在させることで、「社会との出会い直し」や「〈良い働き方〉を通した〈働ける自分〉との出会い」をさせることが社会教育によって可能になると期待が寄せられている。(67) 参加や協同を軸にした社会教育的な子ども・若者支援とは、対話を通して自信を回復させるとともに、どのような社会をつくればいいのかを考え、社会の改造に取り組みながらさらに自己を回復し高めていくことがポイントと考えられている。

このような参加と協同に注目し、それを働くことにまで結びつける議論は、協同組合を社会教育の実践として評価することでもなされてきた。協同組合は趣旨に賛同する人びとからの出資で資金を集め、関係者が一人一票で経営や活動の方針決定に参加し、働くことと経営することを統合する。そのような仕組みによって、資本主義社会で切り捨てられる地域の産業を守り、雇用を創出してきた。そして、資本主義の考えが浸透している中で、このような事業のつくり方や働き方を広めていくために学習を位置づけ、そのことで行政が提供することを前提とした社会教育のあり方が見直されてきた。(68)

参加と協同の動きは、地域の産業を守るだけではなく、地域の文化創造にも貢献する。本来、民衆の自主的なものとして発展してきた文化が、産業の発展とりわけ大衆消費社会の中で商品化されていくことに対して、子ども文化の創造や芸術文化の鑑賞、文化サークルの活動などが協同の力で豊かなものになっている。それを支え励ますために、文化的享受をめぐる矛盾を明らかにしつつ、民衆が協同して文化創造を行うことの可能性を示し、「文化的生活に参加する権利」を保障する法理として、文化行政のあり方を検討することがめざされてきた。(69)

このように、生涯学習の概念が社会的排除に注目しながら多様に広がっていく中で、参加と協同に焦点が当たり、その先端を切りひらくものとして、協同組合やＮＰＯが注目されるようになっている。このような中で、行政が社会教育にかかわることによる矛盾の所在とその克服を検討してきた社会教育研究に新しい課題が生まれてきている。すなわち、社会教育も生涯学習も社会参加を不可欠として、社会をつくる公共性をもつものとして論じられるようになっているが、そこでは国家が国民を統制する「国家的公共性」や住民が地域に埋没する「共同体的公共性」に陥らないことが重要である。そのために、人びとの「協同性」に媒介された「住民的公共性」を求め、その実現のために、生涯学習にかかわる職員が自らの働き方も含めて「疎外された労働」を克服することが求められている(70)。

社会教育が社会的排除を克服する総合的な事業や活動の中に位置づけられることによって、とりわけ福祉的支援と異なるその固有の役割を明確にすることが求められている。このことについて、社会教育は協同し合える「場」をつくることを通してユニバーサル支援も重視すること、その延長線上で人びとが大切にされる社会や労働のあり方を考えることにつなげること、文化的生活への関心を広げて地域の中に文化協同の輪をつくっていくことが提起されてきた。

教育基本法の改正と社会教育・生涯学習

経済のグローバル化がすすむ中で、一九八〇年代半ばに、臨時教育審議会では画一的な教育を改める自由主義的な改革が提案されたが、一九九〇年に設置された教育改革国民会議では「社会奉仕活動の義務化」にみられるような新保守主義的な提案が行われた。競争が激化する時代の中で、グローバルビジネスの世界で活躍する人材を求める一方で、格差や高齢化といった地域課題に奉仕的に取り組む機運を高めることがめざされている。

このような力が合流して、二〇〇六年に教育基本法改正が行われた。この改正については賛否両論があったが、改正に慎重な姿勢を示した教育学関連の学会からは、戦後教育の意義を確認するとともに、それを大きく変えるものであることが指摘された。(71) そのことが顕著にあらわれているのが第二条（教育の目標）であり、第一号で「知識と教養」「真理」「情操と道徳」「健やかな身体」、第二号で「個人の価値を尊重」「能力」「創造性」「自主及び自立の精神」「職業及び生活」「勤労」、第三号で「正義と責任」「男女の平等」「自他の敬愛と協力」「公共の精神」「社会の形成」、第四号で「生命を尊び」「自然を大切に」「環境の保全」、第五号で「伝統と文化」「我が国と郷土を愛する」「他国を尊重」「国際社会の平和と発展」が、教育の目標として掲げられている。これらは大切なことではあるが、権力をもつ国が教育の目標をこのように具体的に定めるのは、戦前の教育勅語体制に戻るものであるとの批判がなされた。また、第一〇条（家庭教育）では、私事である子育てへの国の介入が行われることになり、第一六条（教育行政）では、教育行政が「不当な支配」を行う恐れがあるという戦後教育改革の前提を覆し、教育行政は「不当な支配」を行う何者かを排除するという立場になっている。

改正された教育基本法では、生涯学習と社会教育に関しては、第三条（生涯学習の理念）が「第一章　教育の目的及び理念」に位置づけられ、第一二条（社会教育）が「第二章　教育の実施に関する基本」に位置づけられた。臨時教育審議会が学校教育と社会教育の両方を含んで「生涯学習体系への移行」を提起したことが、教育基本法のうえで明確にされた。

第三条（生涯学習の理念）については、旧法第二条（教育の方針）と似た表現がみられるものの、そこでめざされていた生活と教育を結合させるという歴史的な文脈から切り離されている問題が指摘されている。また、「生涯学習の振興のための施策の推進体制等の整備に関する法律」（二〇〇〇年）で、都道府県が地域生涯学習振興基本構想の作成にあたって文部科学大臣および経済産業大臣と協議することができることになっており、それを梃子に生涯学習に経済や産業の論理が持ち込まれることが危惧される。さらに、中央教育審議会答申では、一人ひとりの取り組みであることが生涯学習の前提とされており、市場主義に流れかねないことが危惧されている。そして、第三条（生涯学習の理念）そのものには、学習したことの「成果を適切に生かすことのできる社会の実現」という文言により、就労のための過剰な自己投資や地域課題への奉仕活動につながることが危惧されている。[72]

一方、第一二条（社会教育）については、「個人の要望や社会の要請にこたえ、社会において行われる教育は、国及び地方公共団体によって奨励されなければならない」とされ、国や自治体の奨励を謳っているものの、それが「社会の要請」にもとづくものであり、それが第二条や第三条の教育の目的・目標と結びつくことや、第一六条や第一七条で権限が強化された教育行政によって主導されることが危惧される。また、「個人の要望」という言葉は住民が集団的に学習することを否定しかねないことや、「勤労の場所」が社会教育の場から除外されたことで労働者教育を社会教育で保障する道筋が断ち切られたことが問題とされている。[73]

このように、現行教育基本法は、教育の目標を国が打ち出し、集団的な学習ではなく「個人の要望」や「社会の要請」に従う学習を求めている。このような性質をもつ現行教育基本法ではあるが、それを民主的に運用する糸口として第四条（教育の機会均等）と結びつけることが考えられる。ユネスコなど国際的な成人教育の潮流は、抑圧を受けたり排除されたりしている人びとの権利保障の方向を示している。そのことを念頭に置いて、第三条（生涯学習の理念）と第四条（教育の機会均等）を結びつけて、それを教育全体の理念として各条文を解釈することで、新自由主義や新保守主義の流れに歯止めをかけることができるのではないだろうか。現行の教育基本法にはさまざまな懸念がある中で、不安定な生活を余儀なくされている人びとが連帯して、教育全体のあり方である生涯学習を考えることは、民主的な社会を維持・発展させていくうえで重要なことである。そのような学習を公的に保障することは、困難をかかえた人の学習権を保障することであるが、それだけではなく、現行の教育基本法の解釈と運用を民主的に行うための鍵になるのではないだろうか。[74]

「九条俳句訴訟」から見える市民と行政

教育基本法の改正によって、教育目標を国が提示し、教育行政の権限が拡大されると、国民の学習権を尊重する行政の意識が低くなりかねない。そのような中で起きたのが、「九条俳句訴訟」である。これは、二〇一四年六月にさいたま市大宮区の三橋公民館で「梅雨空に『九条守れ』の女性デモ」という俳句が館報に掲載されなかったことをめぐる訴訟であり、二〇一八年一二月に市に賠償を命じる最高裁判決が出た。

三橋公民館では、俳句サークルから秀句として推薦された一句を館報に毎月掲載していたにもかかわらず、世論を二分するようなことは掲載できないとの理由で、この俳句が掲載されなかった。これに対して、掲載を求める市民団体と市の間で話し合いがもたれたが平行線をたどり、二〇一五年六月に「九条俳句不掲載損害賠償請求事件」としてさいたま地裁に訴状が提出された。そこでは、俳句不掲載は、学習権、表現の自由、掲載請求権、人格権、公の施設の利用権を侵害しているとされたが、訴訟を通じて、これらの法理が精緻に組み立てられるとともに、公民館で学び、表現することの権利性と公共性に注目が集まった[75]。

「『九条俳句』市民応援団」世話人の一人である佐藤一子は、自身の「文化協同」「生涯学習と社会参加」「学びの公共空間」「地域教育」などの提起をこの訴訟と結びつけて、公民館が学習や文化・表現活動を通して、困難をかかえた人も含めて住民が地域につながる場となっている意義を次のように述べている[76]。

> 公民館は公立社会教育施設として主催事業をおこなうだけではなく、地域固有の資源を学習資源として活かし、さまざまな出会いと交流を通じて地域全体に学びのネットワークを広げ、全地域住民の関心を高め、学習と文化を創造する核となっている。公民館が社会教育機関としての公共性をもつがゆえに、信頼関係によって共同的な関係をつなぐ役割を果たしうる点も見落とすことはできない。諸機関との連携をコーディネートするうえで、管区全体の住民諸

団体との協働を促す職員の役割は、学びの公共空間の公共的性格・機能を浮き彫りにしているといえる。「学習」という行為は個々人の関心を出発点としており、意識的な「社会参加」の目的をもたない状態でも互いに関わり合うきっかけとなりうる。「学習」をキーワードとする「参加」は、もっとも広くすべての住民に開かれた参加形態であり、個々人の生活と「公共」レベルの不断のフィードバックを通じて参画・協働のまちづくりの土台を培う意義をもちうるといえよう。

このように、社会教育における自由な学習・文化活動は、人びとが社会参加するためのひらかれたかたちであり、そのことを通して、人びとの人間発達を可能にするとともに、地域における公共的活動を深めることができる。そしてそのような機能を発揮するためには、公立社会教育施設として地域の人や団体と等しくかかわり、それらの出会いをつくっていく社会教育職員の存在が重要なのである。

市民の側が訴えた社会教育における権利と公共性の議論は、一審および二審の段階でも相当程度認められたにもかかわらず、さいたま市は控訴を続け、それに応じて市民の側も控訴して、最高裁で結審されることになった。また、最高裁判決の後、市民の側から問題を検証する第三者委員会の設置を求められたにもかかわらず、さいたま市はそれを行わず、二〇一九年九月に市民・学識経験者・弁護士で検証委員会を独自に発足させることになった。

市民による検証委員会報告書は二〇二一年一月にまとめられ、①初期対応の失敗、②地域的解決の失敗、③裁判早期終結の失敗、④「失敗から学ぶ」ことの失敗が指摘され、再発防止に向けて、①職員が社会教育職員としての専門性を発揮できる環境を整えること、②公民館運営に参加と自治の原則を貫くこと、③教育委員会が再発防止策をまとめ市民に公表すること、④市長は関係者の処分を行うとともに、上位下達的な行政システムを見直すこと、⑤市議会は二元代表制の原則に立ち返り施政のチェックをしっかり行うことが提言されている[77]。

報告書では、市民との建設的な対話をせず、最高裁まで控訴し、賠償を命じられた後も自ら問題の検証をしない市への怒りが随所に見て取れる。このような行政の態度には、公務労働のはき違えがみられる。人びとの自由な学習と文化活動の権利を保障することで公共性を高めていくためには、行政は市民と対話し協同する姿勢が必要である。文化・表現活動という自由度の高いものを大切にすることで、行政が主導する狭隘な地域づくりへの参加を免れ、そのことで困難をかかえた人の参加も盛んになり、地域が活気あるものになっていく。

それに加えて、この判決は教育福祉にとっても意義がある。マイノリティの課題は少数であるために取り上げられないことが多く、取り上げられた場合でも、マジョリティの許容範囲をこえると、不当な扱いを受ける可能性が高いからである。「九条俳句訴訟」で自由な表現と「学びの公共空間」のかかわりが判例として示されたことによって、マイノリティも含めて情報交換や表現がなされることで、「学びの公共空間」が豊かになっていくという論理をもつことができるようになった。また、地域課題の解決に対して「公私協働」が期待されている中で、マイノリティがかかえる生活保障や人権にかかわる学習と表現の自由を保障することは、安易な住民の動員への歯止めの役割を果たす意味でも重要である。

5　地域・自治体再編の中の共生と自治

自治体改革の中の社会教育

一九七三年のオイルショック以降、日本は低成長に入ったにもかかわらず、経済成長を求めて盛んな公共投資を継続し、そのために赤字国債を大量に発行した。その結果、八〇年代に入ると財政赤字を解決するために行政改革を行わざるを得ず、第二次臨時行革調査会が設置された。

一九八三年に出された第二次臨時行政調査会の答申では、国および自治体が中心となって公共サービスを提供する福祉国家から、「民間活力」を使った福祉社会への転換がめざされ、「選択と負担」の論理にもとづいて、民営化、受益者負担、住民参加が謳われた。それは地方分権をすすめるという名目で自治体が自ら方針を出すことになったが、国からの財政支援が小さくなる中で、自治体はそのような方向に追い込まれていった。

このことについて、島田修一は、単に社会教育の施設や事業が縮小するだけでなく、社会教育の本来の機能が失われようとしているとして、次のような三つの問題が生まれると指摘している。(78)

そのひとつは、社会教育の本質たる自主性を援用してその私的性格を強調する論理が優勢となっていることである。さきにのべた個人のレベルでのみしか学習活動の意義がとらえられていないという指摘に通ずるものであるが、社会教育のもつ公共性への着目が意図的に落とされている点である。二つめは、それを前提として、本来自己努力・相互努力の中で発展させるべきものに対し、そのような参加の希望や機会のないものが少なくないにもかかわらず公費を支出することは、根拠としての公共性に乏しく、かつ現実的に機会を享受できるもののみが恩恵をうけるという不公平が生じるとして「社会的不公正」論が強調されることである。ここから支出削減ないし利用有料化という方策が出されてくる。これは単純に財政支出抑制策から出された主張にすぎないものとはいえまい。その経緯を今ここで問わないとしても、第三に、こうした中で社会教育行政論としても施設論としても、住民と職員の共同作業が行われる組織や施設の意義が全く問われなくなって、社会教育の本質的な原則であるところの〝住民の参加による自治と創造〟の拠点が否定される事態が進行しているのである。

このように、行政改革は財政逼迫を口実にしながら、人びとが自由に学び、そのことで社会に参加し、地域に自治を根づかせ、社会を創造するという社会教育の本質を変質させるものであるととらえられたが、そのことはさらに社会教育関係団体と自治体の関係に変化をもたらす。一九七〇年代からすすめられてきたコミュニティ政策の延長線上で、地域施設の管理運営を住民組織が担うことに道をひらき、封建的な色合いをもつ地縁組織や行政への警戒心がない人びとが、地域の世論を形成し、住民全体を導いていくことにつながりかねない(79)。

行政改革にともなう社会教育の縮小や「合理化」に対して、それを批判し阻止する運動が展開され、一般行政への一元化や施設の管理委託、施設利用の有料化、職員の非正規化をくい止める事例もみられた。そこで明らかになったことは、住民運動や社会教育職員の力だけでなく、自治体労働組合が社会教育を発展させることの意義を理解し、大きな運動を展開したことでそれが可能になったということである(80)。

しかし、社会教育も含めて行政改革は一九八〇年代から九〇年代にかけて着実にすすめられ、その勢いを加速させるために、九九年に「地方分権の推進を図るための関係法律の整備等に関する法律」（地方分権一括法）が成立した。自治体の効率的な運営を阻害している規制を緩和することを目的としたこの法律によって改正された法律は五三二にのぼり、社会教育に関する法律も改正された。社会教育法では、社会教育委員の構成や任命手続きを簡素化し、公民館長の任命にあたって公民館運営審議会の意見を聞くことを廃止し、公民館運営審議会自体も任意の設置となるという改正がなされた。また、地方分権一括法を受けて、省令や政令が出されて、さらなる規制緩和がすすめられている。このような状況に対して、社会教育の体制を保障しようとするいくつかの自治体では、条例を改正することが取り組まれている(81)。

また、一九九六年に教育基本法が改正されると、二〇〇八年に社会教育法と図書館法と博物館法が一括審議で改正されることになった。社会教育法に関しては、第三条の改正で「国民の学習に対する多様な需要」という文言で市場メカニズムの導入が想定され、「生涯学習の振興に寄与」するということから一般行政に包摂されることを促すとともに、「学校教育との連携の確保」や「学校、家庭及び地域住民その他の関係者相互間の連携及び協力の促進」が謳われることで、学校支援に一面化した社会教育が想定され、それが、国民精神の統合への足がかりにもなりかねない。ここにみられる新しい特徴は、国家的な教育的価値を全面的には出さず、市場主義的な個人の学習を導入するとともに、学校支援や子育てに力点を置きながら住民を動員することによって、結果的に国家的な教育的価値が広がっていくことである(82)。

さらに、いじめへの教育委員会の対応の不十分さをきっかけとして、二〇一四年に「地方教育行政の組織及び運営に関する法律」(地方教育行政法)が改正された。そこでは、教育行政と一般行政の関係が問題にされ、両者で構成される総合教育会議で協議し、その結果を双方が尊重することになった。教育委員会は教育長に任命や予算の権限がないことから一般行政に従属的になる傾向にあるが、それに加えて、協議の場で首長が教育行政に問題提起することで、社会教育施設の一般行政部局への移管や委託業務の拡大、指定管理者制度の導入、職員の非正規化などを容易に行える状況になった。このような中で、住民参加とりわけ地域社会教育調査を通した学びを通して、自治体の社会教育計画を策定することの必要性が指摘されている(83)。

住民参加による福祉のまちづくりへの教育学的アプローチ

地域・自治体にとって、高齢化の急速な進展や貧困・格差の広がりへの対応は大きな課題である。社会福祉の政策では一九七〇年代から地域福祉が注目されるようになり、七九年に全国社会福祉協議会が高齢者福祉を念頭に置いて「在宅福祉サービスの戦略」を打ち出し、在宅での生活を維持するために、住民の協力が必要であることを訴えた。このことを推進するために、社会福祉協議会は住民の福祉意識を向上させる福祉教育に力を注ぎ、福祉のまちづくりがめざされてきた。そして今日、それは「地域包括ケアシステム」を住民主体でつくることが焦点的な課題となっている。また、九〇年代半ばになって大きな課題となってきた貧困や格差、障害への取り組みも含めて、「地域共生社会」をつくることがめざされている。

このような福祉のまちづくりは、困難をかかえた人が地域とかかわりながら自己実現をめざすノーマライゼーションの理念にかなうものであるが、一方で、高齢化によって福祉予算の増額が必要であるにもかかわらず、財政構造を抜本的に改革できないことから、「自助」と「共助」で乗り切ろうとする側面がある。また、「地域包括ケアシステム」をつくるには住民への説明が必要であるが、はじめから政策的にゴールが設定され、そこに辿り着くことが求められる学習は主体的な学習ということはできない。福祉のまちづくりをめぐって、地域課題を学び実践することでかかわった人びとの人格や能力が豊かに形成されるのか、それとも地域課題への動員的な参加が恒常化し義務的な雰囲気にすらなっていくのか、それを見極めることが重要である。

このようなことから、筆者は、戦前の日本の社会教育が国民精神総動員の一翼を担った歴史をふまえて、住民が福祉に参加する時に考えるべきこととして、①批判精神と創造的情熱を統合すること、②困難をかかえている当事者の参加を考えること、③住民参加を社会構造や社会規範の中でとらえ実践的に解決することを提起し、「当事者主体」「学習の自由の尊重」「住民と職員の学び合い」に重きを置いて社会教育実践を紹介した。(84) また、子ども・若者や母子世帯の貧困問題について、政策的に「自立支援」や「サービス利用」という言葉がよく使われるが、それが社会的圧力となって人びとを追いつめることがないようにしなければならない。そのための教育や学習にかかわる課題として、①「貧困の連鎖」を断ち切る教育を追求すること、②誰をも排除しない関係を地域につくること、③いのちが輝く「新しい働き方」をつくること、④地域関係労働者が住民に学び自らをひらくこと、⑤出会いと学びでいのちの尊厳と権利を守ることを提起した。(85)

福祉のまちづくりにおいて、それが主体形成なのか動員なのかという見極めは、地域づくり一般にも必要である。そこで粗削りでも端的な指標が必要と考え、長野県阿智村の村政運営と住民の学習に学びながら、次のように提起したことがある。(86)

一つに、阿智村の住民主体の村づくりから学んだことは、①自由な学習の保障、②徹底した情報公開、③予算編成への住民参加、ということである。①はたとえ首長や施政に反対する立場のものでも尊重し、②は住民にわかるように職員が説明することまで責任を負う。そして、③は自治区や村づくり委員会に登録された団体が、原案の段階から要望を出して予算が編成されていく。自由な学習の保障と情報公開があることで予算編成への参加が可能になり、予算編成に参加することで学習と情報公開が切実に求められるようになる。

二つに、阿智村がそのような施政運営をする中で、自治に多数決はなじまないという考えを浸透させたことである。多数決はマジョリティに有利であり、その中でマイノリティの願いはかき消される。住民が時間をかけて話し合い、学び合う中で、ゆるやかな合意をつくっていくことが必要である。さらに、マイノリティの厳しい現状は、多くの場合、中央政府が出す政策やその背景にある思想の問題や不十分さの中から生まれる。このようなことから、マイノリティを尊重することで、中央政府に呑み込まれない自治の内実が豊かになる。

三つに、マイノリティが発言できることも含めて、多様な価値や表現が行き交う地域をめざすことである。そのために、すでに述べた学習の自由や情報の公開が必要であるが、それに加えて、応答し合う関係が必要である。勇気をもって発言したことが、たとえ少数でも受け止めてくれる人がいることで人は元気になれ、地域の中に自治のエネルギーが蓄えられていく。

筆者は社会福祉学部に勤務し、高齢化から格差社会への対応まで、住民参加が強調されることを目の当たりにして、その可能性に期待しながらも、住民を動員することにどう歯止めをかけられるかということをこのように考えてきた。

また、新自由主義的な改革の中での住民参加を批判的に見る立場からは、地域の福祉にかかわるコミュニティワークの重要性に注目しつつも慎重な検討を行い、教育的アプローチといえる方法論を探る試みがなされている。そこでは、社会福祉が個別アプローチになりがちなのに対して、コミュニティ・アプローチを採用して、地域課題や社会問題について、公共的な討議を行い、広く合意を形成する実践過程が必要であるとされている。[87]そしてそのことのために、社会教育固有の分析単位を明らかにして、めざすべき社会的価値を示し、そこから社会教育固有の評価に焦点化することが提起されている。[88]

社会教育の固有性にかかわっては、社会的排除を克服するエンパワーメントの過程を示すことが必要であり、「諸能力（『潜在能力』）→活動（『行為』）→仕事（結果の『分配』を含む）→人間的諸関係（『連帯』を含む社会的・政治的関係）の総体」として諸個人をとらえ、社会的排除を「現代的人格の自己疎外とその克服の対抗関係＝過程」としてとらえる必要が指摘されている。そこで求められる教育実践の内容構造は、「人権＝連帯権、生存＝環境権、労働＝協業権、分配＝参加権、参画＝自治権」という基本的な方向を、意志・生活・生産・分配・地域というレベルでの社会的協同の実践としてすすめることであり、「教養・文化享受、生産・環境学習、行動・協働学習、生産・分配学習、自治・政治学習」といった自己教育活動を援助・組織化することが提起されている。[89]

また、資本主義的システムの中で矛盾を内在させている地域を対象化することで、人びとは「自然―人間―社会」を構造的に把握することができ、そのことで教育の方向性が明確になってくる。それを成人教育学とは別の「地域社会教育学（Community Education）」と考え、諸個人の人間発達を「自己と他者の対話と協働、そしてその帰結としてのコミュニティの文化の発展とワンセット」でととらえることが提起されている。そしてこのようなコミュニティは相互に関連していることから、グローバルなレベルにまで視野を広げて、社会システムと人間の本質についての問いがなされなければならないと指摘されている。[90]

さらに、ソーシャル・キャピタルを仲立ちとして、社会教育とコミュニティ・ガバナンスの関連の検討がなされている。[91] その一連の研究では、政策的に提起されている「自治体分権システム」や地域民主主義を標榜する「熟議民主主義」など鍵になる概念について、危険性を自覚しながらもその可能性を示し、[92] ダイナミックに理論化する前提として、その実証性を高めることをめざし、研究者を組織して、海外や日本国内の情報が収集されている。[93]

このように住民参加による福祉のまちづくりへの教育学的アプローチが提起されているものの、政策や実践のレベルでは精緻な議論は理解されず、コミュニティ・アプローチが主流になってきた社会福祉は住民に学習を求めて活動への参加を組織しようとする。そのような中で、社会教育の側から教育的アプローチにもとづく実践の成果を他領域から共感されるように示す必要がある。しかし、国の方針にもとづいて全国的に展開される社会福祉の流れを転換することは容易なことではない。このような中で、まずは住民の学習の自由と住民自治を尊重した教育的アプローチの有効性を小さなレベルで示しながら、そのネットワーク化をはかることが大切ではないだろうか。

ＮＰＯがひらく公共性と公務労働との連携

社会教育の核心である住民の自己教育を行う主体として、ＮＰＯの存在が大きくなってきている。ＮＰＯは市民的公共性をもつサードセクターとして、国家と市場が解決できない社会的な課題に取り組み、その過程で必要な専門的知識や技能を高めている。

そのような知識や技能を身につけることに加えて、スタッフ間で意思疎通をはかり、活動理念を共有するために話し合いや学習が必要になる。行政のような「共同体」や企業のような「利益配分」という結合原理ではなく、「志」や「使命」が非営利で活動を行うための結合原理となるために学習がより重要になる。そこでは、調査や対話、活動分析、政策提言、情報発信などを通して、「参画型社会における能動的市民の形成」が行われている。(94)

しかし、このようなＮＰＯの活動がすぐに理解され、行政や企業との連携が簡単にはすすむわけではない。行政からは安上がりの委託先とみられることもあり、企業からは営利になじむ部分を吸い上げられることもある。このようなことから、「生涯学習時代の公共性概念の現代的再解釈」「オルタナティブな教育から公教育システムの再構築」「『新しい働き方』を可能にする人材養成を促す『社会システム』」といった視点からＮＰＯの可能性を考える必要がある。(95)

ＮＰＯは国家や市場が解決できなかった課題、すなわち、行政がつくる画一的なサービスで済まない課題や企業が求める利益が生まれない課題に取り組む。その意味では、リスク社会に果敢に挑む能動的市民の育成にかかわっているが、そのベースに民主主義や社会正義がある。そのことから、ＮＰＯの学びは「どのような知識が正当性をもつのか」という問いを発する。専門家や知識人のもつ知識ではなく、一般市民が日常生活の中で身につけている知識に光を当てることで、知識の社会性が構成され、「社会知」「実践知」となる。そしてこのような知の創造には、異なる価値や考え方にふれることや実践についての省察を行うことも必要であり、そのことで人びとはアイデンティティを再構成することが可能になる。(96)

このようにＮＰＯが市民的公共性を生み出し、そこに学習が介在していることは社会教育研究にとって重要であり、その教育力を前提として、ＮＰＯの政策動向と社会教育の関係やＮＰＯと社会教育施設の連携の必要などが論じられている。(97)

しかし、社会教育の側からＮＰＯに連携をもちかけても反応はあまりよくない。筆者の経験では、社会教育委員の会や公民館運営審議会の中で、ＮＰＯ関係者に社会教育に期待することを尋ねても、会場の確保と広報しか出てこない。しかし、さまざまな生きづらさと社会的排除が広がる中で、ＮＰＯの関係者からそのことにかかわる最先端の話を聞いた後、参加者と話し合って新しい取り組みをはじめている公民館もある。(98) 公的な社会教育はＮＰＯに対して、会場確保と広報しかできないのか、ＮＰＯが切りひらいている最先端の価値を「行政的・市民的に承認」して地域に広げていく役割を果たすことができるのかの岐路に立っている。

その際ポイントになるのは、行政の枠の中にいる自治体職員は最先端の価値を自ら切りひらくことができないことを率直に認め、そこからできること探すことではないだろうか。筆者はＮＰＯが提起する新しい価値を行政と市民さらには学校の中に広げる役割が今日の公的な社会教育の役割ではないかと考えている。このことは簡単なように思われるかもしれないが、行政や市民の中にはさまざまな価値観が存在し、その中には生きづらさをかかえている人の自己責任を問う立場もある。それだけに、人間尊重の最先端の価値を「行政的・市民的に承認」して広げるためには、民主主義や社会的正義を基調にした社会教育実践を展開するための確かな理念と共感してくれる仲間が必要である。(99)

グローバリゼーションとデジタル変革の中の地域・自治体

産業化の道をすすんできた現代社会は、今日、グローバル経済の中で貧困や格差の広がりという問題を生み出し、ＤＸによってモノのインターネット化（ＩoＴ：Internet of Things）や人工知能（ＡＩ）が人間を凌駕しかねない状況になっている。このような状況の中で、ビジネスの効率化をはかるために企業と顧客、企業と企業、企業と大学の連携をはかる「共創社会」の構築が謳われている。また、自治体のあり方にも影響を与え、「自治体戦略二〇四〇構想」では、デジタル化によって、市町村をこえる圏域を行政の単位とし、サービスの標準化や民営化がめざされている。

ＤＸやＡＩはグローバル化した経済競争において不可欠であるとともに、環境破壊をくい止め、自然災害の被害を小さくし、感染症を抑えることに貢献する。また、さまざまなサービスをオンラインで受けることができ、どこで暮らしても自分のしたいことができる便利な社会をつくることも可能にする。しかし一方で、そのような社会の中で働く機会を失う人があらわれる可能性がある。また、サービスの利用者ではあるが社会に参加する必要がなくなる中で、人びとは自らを高めていくことや他の人と協力する能力を減退させてしまうかもしれない。

今日のようなグローバル化が予見される中での各国の成人教育の変容について、上杉孝實は職業技術教育への関心と格差社会の是正という課題を前に、次のような展開をしていると指摘している。(100)

英国における生涯教育論は、継続的教育として、従来の非職業的な成人教育の狭さを超える動きに連動させられ、経済成長政策の観点から職業技術教育（高等継続的教育を含む）が大きくとりあげられるようになるが、他方、より多くの人の、中でも底辺状況にある人の学習参加をはかるものとして、フレイレ流のリカレント教育、より具体的には、コミュニティ教育の発展が見られるのである。民衆大学を中心とした学校形態の成人教育が主流の西ドイツでも、継続教育（Weiterbildung）の名称のもとで、よりノンフォーマルな教育、インフォーマルな教育をも含めての成人教育の拡大が見られるのである。これらに対して学校形態の教育よりも文化、スポーツ活動の推進に特徴のあったフランスでは、生涯教育の名で顕著な動きは、七〇年代において職業教育のために大学が成人を大幅に受け入れるようになったことである。民衆大学がある一方、学習サークル（study circle）への補助に特徴があるスウェーデンでも、七〇年代に、これまでエリート的性格の強かった大学に大量の成人学生を受け入れるシステムを整えることによって、多少なりとも大学と民衆の接近が試みられるのである。アメリカでは、成人教育機関・職業教育機関・短期大学の性格をもち、だれもが自由に入ることができるコミュニティ・カレッジの増大など、それぞれの社会の教育において不十分な点の是正がはかられるのである。

また、グローバル化の中で社会教育概念の再構成の必要を指摘する佐藤一子は、人口問題や飢餓、環境、難民、宗教の葛藤といった地球規模の問題が発生する中で、「民衆性とグラスルーツの運動的展開」が成人教育の基調になっているとして、「英語圏の伝統にねざす『成人教育』（adult education）の用語が、グローバル・システムの変容のなかで拡張され、ラテン系諸国や第三世界の伝統にねざした民衆教育（popular education）の語の再生をもたらしているといえる」と述べている。各国の成人教育が相互に影響を与え合いながら、その中でＮＧＯのようなアソシエーションが大きな役割を果たすようになり、それと行政や住民組織、民間団体が連携して「政治的決定過程の多元化」と「地域民主主義の再生」を促していると指摘されている。(101)

今日、グローバル化は富の偏在とともに環境や人権の問題とかかわって、持続可能な社会のあり方を問うものとなっている。そのような中で、「ローカルな知」の可能性に注目し、新たな協同を生み出す必要が指摘され、その手がかりを思想的にも実践的にも求める動きがみられる一方で、国民国家の役割の縮小と公共的な事業の市場化を見据えた社会教育の課題も指摘されている。(102)

グローバル化によって一国の政策が判断できることが少なくなり、それが人びとの政治への関心を低くする原因にもなっている。しかし、インターネットで人びとが世界とつながることで大きな変革のうねりをつくる可能性もある。そのようにして再生をはじめる公共圏では、共通してグローバル資本主義の統御とグローバル民主主義の実現を求め、持続可能な地域と世界をつくっていくことが期待される。ＤＸとＡＩを使って、地域・自治体の動きと国際的なコンセンサスによって国政の改革にせまることができるのか、それとも人びとがデジタル情報の世界に閉じこめられて、公論を形成する場を失っていくのか。社会教育はそのどちらにも力を発揮し得る。それだけに、国民の学習権をめぐる戦後社会教育の歴史的理解を社会教育関係者で共有し、関連領域にも理解を広げていく必要があるのではないだろうか。

6　権利としての社会教育の継承と展開

自己教育運動の必要性の確認

今日の日本社会では、戦前のように学習や文化、芸術が権力的に統制されるということはなく、高度経済成長期にみられたような経済発展一辺倒の考え方も目立っていない。また、教育はかつてのように社会的な立場で差別することなく、形式的には平等にひらかれている。さらに今日、多様な価値観を認めあってともに生きることができる社会をめざすことが求められ、仲間とともに主体的に課題に取り組むことも大切なことと考えられている。このような中で、「学習の自由」や「教育の機会均等」への関心をもたず、「関係形成」や「相互承認」のみに注目する社会教育の考え方もある。

しかし、戦後日本の社会教育論を〈共生と自治〉という視点からふり返ってみた時、近年でも学習の自由を制限する動きがあり、さらには、マスメディアの統制や公的社会教育における論争的課題の敬遠、地域課題への動員的参加、SNSによる集中的な攻撃、デジタル変革による人びとのアトム化など新しいかたちで自己教育が阻害されていることに思い至る。また、競争主義的な社会の延長線上で大きな格差が生じる社会になっていることから、教育の平等を保障するための新しい課題も生まれている。

このような中で、「学習の自由」や「教育の機会均等」という課題を捨象して「関係形成」や「相互承認」を追求する社会教育論は、一つに、今日起きている問題に目を閉ざしている点で、二つに、課題は残っているとはいえ今日の状況をつくってきた歴史的な努力に思いを馳せない点で、三つに、これまで関係形成や相互承認ができなかったことが個人の責任にされてしまう点で、気づかないうちに今日的な新しい権力的統制に追随することにならないだろうか。「学習の自由」と「教育の機会均等」を今日的な状況の中で実現することと「関係形成」「相互承認」を結びつけた自己教育運動に注目した社会教育論が求められている。

ゆらぐ公的社会教育の再創造

戦後日本の社会教育は、戦後改革でつくられた法体制や施設が福祉国家の中で展開されたことにあわせて、行政が取り組むべき課題として論じられてきたが、その後、「小さな政府」をつくる動きの中で、そのように議論することが難しくなった。「権利としての社会教育」を追求することを鮮明にして、公的責任を曖昧にする政策への批判は大切であるが、今はその主張にもとづいて自己教育運動のうねりが起きる状況ではない。そのようなことから、国の政策と歩調を合わせながら局所的に公的社会教育の可能性を指摘することも考えられるが、そのことは大局的に見た時にどのような意味があるのかという疑問が生じる。このように政策と絡んだ議論の難しさから、それを度外視して、学習を通して人と人との関係がつくられていることを確認することに力を注ぐ社会教育論も出てきている。

今日、非正規の会計年度任用職員が社会教育の仕事に携わり、財団やＮＰＯ、協同組合が指定管理者として自治体の社会教育施設の運営や事業の推進を行うことが多くなっている。また、一般行政部局の職員が住民の学習にかかわることもある。かつては、継続性がないということから批判されることが多かったものの、今日では、労働条件が悪い中でも、異動が頻繁な行政の正規職員ではできない最先端の価値にふれる実践を展開し、住民から信頼される組織化をすすめていることも多い。

このような政策と実態の中で、公的社会教育のあり方をどのように提起することができるのかが問われている。このことを一般理論として提起するには難しい面もあるが、まずは、さまざまな社会教育労働の実態を丁寧に掬い上げ、そこに含まれる可能性と課題を洗い出すことに着手する必要がある。[103] そして、会計年度任用職員や財団・ＮＰＯ・協同組合で働く人たちが切りひらいている最先端の価値を行政と市民の中に広げることの意義と方法の開発に公的社会教育は真剣に取り組むべきではないかと考えている。[104]

学校教育と労働者教育との新しいつながり

戦後日本の社会教育は学校教育との接点が少なくなり、労働者教育からも切り離される中で、地域における教育という方向で多くの議論を重ねてきた。〈共生と自治〉という観点からそれらの社会教育論をふり返って考えることは、地域で培われていた社会教育を新しいかたちで学校教育や労働者教育につなげることが可能なのではないかということである。

今日、困難をかかえる人の課題として「学校から社会への移行期」が焦点化され、その中で、特別支援学校で卒業後に学習・文化・スポーツ活動を楽しめる生涯学習のことを伝えたり、卒業後につまずいた時に若者支援の団体に相談できるように校内カフェを設置したり、発達障害の大学生のキャリア教育を地域の就労支援団体や理解のある企業や事業所と協力して行うことなどが取り組まれている。また、若者就労支援では、若者に多様な働き方があることをわかってもらい、企業や事業所には困難をかかえる若者とのかかわり方を伝え、場合によっては共同で仕事を起こすことも取り組まれている。(105)

また、住民が自分たちで地域の魅力に気づき、地域を活気づけるために、長野県阿智村では全村博物館構想が提起され、歴史・民俗学にかかわる資料や史跡だけでなく、ひな祭りや花桃祭りといったイベント、満蒙開拓の歴史の継承、町並み保存や養蚕の記憶を思い起こさせる活動などを行っている。このような中で、地域の中で生活を営めるようになることをめざす若者が生まれている。また、このような住民の活動を地元の高校生が体験的に学ぶことで、地域の人と出会いながら地域への関心を高めて、地域で生きるという選択肢をもてるようになる。(106)

これらはかつてのような学校が提供する知を補完するものではないし、職業技術の向上や労働組合が主導する労働者教育でもない。共生を実現するために教育福祉に取り組み、自治的な住民による地域づくりの活動に取り組むことで、新しい社会教育と学校教育や労働者教育とのつながりが見えてくる。

注

（1）三井為友「社会教育」宗像誠也編『教育基本法―その意義と本質―』新評論、一九六六年。
（2）宮原誠一「教育の方針」同前書。
（3）「社会教育法案提案理由（高瀬文部大臣説明）」（横山宏・小林文人編著『社会教育法成立過程資料集成』昭和出版、一九八一年)。
(4) 「社会教育法案について（柴沼社会教育局長説明)」(同前書)。
(5) 横山宏・小林文人「解説・社会教育法の制定過程」(同前書)。
(6) 同前。
(7) 寺中作雄『公民館の建設』一九四六年（横山宏・小林文人編著『公民館史資料集成』エイデル研究所、一九八六年)。
(8) 横山宏「解題・初期公民館の構想と普及」(同前書)。
(9) 蔵原惟人「官僚的文化統制の再現」『アカハタ』一九四六年九月二〇日（同前書)。
(10) 戸塚廉「公民館の組織と運営」『文化革命』第一巻第三号、一九四七年（同前書)。
(11) 小林文人「解説・戦後公民館通史」(同前書)。
(12) 小川利夫・新海英行「序」小川利夫・新海英行編『日本占領と社会教育Ⅱ　ＧＨＱの社会教育政策―成立と展開―』大空社、一九九〇年。
(13) 藤田秀雄「社会教育行政の再編成」藤田秀雄・大串隆吉編著『日本社会教育史』エイデル研究所、一九八四年。
(14) 前掲（5)。
(15) 前掲（13)。
(16) 同前。
(17) 前掲（5)。
(18) 前掲（13)。
(19) 津高正文『社会教育論』新元社、一九五六年。
(20) 福尾武彦「社会教育の歴史と理論」宇佐川満・福尾武彦『現代社会教育』誠文堂新光社、一九六二年。
(21) 千野陽一『現代社会教育論』新評論、一九七六年。
(22) 小川利夫『社会教育と国民の学習権―現代社会教育研究入門―』勁草書房、一九七三年。
(23) 社会教育推進全国協議会十五年史編集委員会編『権利としての社会教育をめざして―社会教育推進全国協議会十五年の歩み―』ドメス出版、一九七八年。

(24) 宇佐川満「公民館の役割と機能」宇佐川満編『現代の公民館―住民自治にもとづく再編の構想―』生活科学調査会、一九六四年。
(25) 小川利夫「『自治公民館』の自治性」『月刊社会教育』一九六三年三月。
(26) 大前哲彦「地域づくりと久美浜町の自治公民館方式」津高正文編著『戦後社会教育史の研究』昭和出版、一九八一年。
(27) 井上英之「『枚方テーゼ』の歴史的意義」同前書。
(28) 枚方市教育委員会「社会教育をすべての市民に」一九六三年（社会教育推進全国協議会資料委員会『社会教育・4つのテーゼ―「住民の学習と資料」臨時増刊号―』一九七六年）。
(29) 津高正文「学習・教育事業としての『ろばた懇談会』」津高正文・森口兼二編著『地域づくりと社会教育―京都「ろばた懇談会」に学ぶ―』総合労働研究所、一九八〇年。
(30) 同前。
(31) 島田修一「農村の急激な変化と自治体『合理化』に直面して―下伊那テーゼ執筆の頃の職員集団―」前掲書(28)。
(32) 長野県飯田・下伊那主事会「社会教育主事の性格と役割」一九六五年（同前書）。
(33) 島田修一『社会教育の自由と自治』青木書店、一九八五年。
(34) 藤岡貞彦『社会教育実践と民衆意識』草土文化、一九七七年。
(35) 藤岡貞彦「学習内容編成の視点」島田修一・藤岡貞彦編『社会教育概論』青木書店、一九八二年。
(36) 小川利夫「都市社会教育論の構想」『三多摩の社会教育Ⅰ』一九六四年。
(37) 徳永功「公民館三階建論について」（前掲書(28)）。
(38) 東京都教育庁社会教育部「新しい公民館像をめざして」（同前書）。
(39) 同前。
(40) 小林文人「はげまし学ぶ主事たちの動き―その苦闘と創造と―」小川利夫編『住民の学習権と社会教育の自由』勁草書房、一九七六年。
(41) 小林文人「生涯学習計画と社会教育の条件整備」小林文人・藤岡貞彦編『生涯学習と社会教育の条件整備』エイデル研究所、一九九〇年。

(42) 小川利夫『青年期教育の思想と構造―戦後青年教育史論―』勁草書房、一九七八年。
(43) 小川利夫『教育福祉の基本問題』勁草書房、一九八五年。
(44) 小川利夫「『人権としての社会教育』の追究」『月刊社会教育』一九八五年一二月。
(45) 橘木俊詔『日本の経済格差』岩波書店、一九九九年。
(46) 苅谷剛彦『大衆教育社会のゆくえ』中央公論社、一九九五年。
(47) 乾彰夫編著『高卒5年　どう生き、これからどう生きるのか―若者たちが今〈大人になる〉とは―』大月書店、二〇〇三年。
(48) 岩田正美『ホームレス／現代社会／福祉国家―「生きていく場所」をめぐって―』明石書店、二〇〇〇年。
(49) 辻浩『現代教育福祉論―子ども・若者の自立支援と地域づくり―』ミネルヴァ書房、二〇一七年。
(50) ポール・ラングラン（波多野完治訳）『生涯教育入門』全日本社会教育連合会、一九七一年。
(51) 高梨昌『臨教審と生涯学習―職業能力開発をどうすすめるか―』エイデル研究所、一九八七年。
(52) 原正敏・藤岡貞彦編著『現代企業社会と生涯学習』大月書店、一九八八年。
(53) 小川利夫「生涯学習の体系化と社会教育の終焉―臨教審『生涯学習体系』論批判―」小川利夫編『生涯学習と公民館』亜紀書房、一九八七年。
(54) 前掲(41)。
(55) 末本誠『生涯学習論―日本の「学習社会」―』エイデル研究所、一九九六年。
(56) パウロ・フレイレ（小沢有作・楠原彰・柿沼秀雄・伊藤周訳）『被抑圧者の教育学』亜紀書房、一九七九年。
(57) エットーレ・ジェルピ（前平泰志訳）『生涯教育―抑圧と解放の弁証法―』東京創元社、一九八三年。
(58) エットーレ・ジェルピ・海老原治善編『生涯学習のアイデンティティー―市民のための生涯学習―』エイデル研究所、一九八八年。
(59) 小川利夫・新海英行「E・ジェルピと日本の生涯教育論」同前書。
(60) 黒沢惟昭「現代の人権と社会教育」日本社会教育学会編『現代的人権と社会教育　日本の社会教育第三四集』東洋館出版社、一九九〇年。

(61) パオロ・フェデリーギ「成人学習の基本用語とその解説」パオロ・フェデリーギ編（佐藤一子・三輪建二監訳）『国際生涯学習キーワード事典』東洋館出版社、二〇〇一年。
(62) 佐藤一子「日伊成人教育の四〇年にわたる交流」東京大学大学院教育科学研究科『生涯学習基盤経営研究』第四四号、二〇二〇年。
(63) 大串隆吉『社会教育入門』有信堂、二〇〇八年。
(64) 大串隆吉・生田周二・吉岡真佐樹『青少年育成・援助と教育—ドイツ社会教育の歴史、活動、専門性に学ぶ—』有信堂、二〇一一年。
(65) フランツ・ハンブルガー（大串隆吉訳）『社会福祉国家の中の社会教育—ドイツ社会教育入門—』有信堂、二〇一三年。
(66) 生田周二『子ども・若者支援のパラダイムデザイン—〝第三の領域〟と専門性の構築に向けて—』かもがわ出版、二〇二一年。
(67) 佐藤洋作「若者を居場所から仕事の世界に導く社会教育的支援アプローチ」日本社会教育学会『子ども・若者支援と社会教育　日本の社会教育第六一集』東洋館出版社、二〇一七年。
(68) 山田定市「地域生涯学習計画化への構造」山田定市編著『地域づくりと生涯学習の計画化』北海道大学図書刊行会、一九九七年。
(69) 佐藤一子『文化協同の時代—文化的享受の復権—』青木書店、一九八九年。
(70) 鈴木敏正『教育の公共化と社会的協同—排除か学び合いか—』北樹出版、二〇〇六年。
(71) 教育学関連一五学会共同公開シンポジウム準備委員会編『新・教育基本法を問う—日本の教育をどうする—』学文社、二〇〇七年。
(72) 佐藤一子「生涯学習の理念」荒巻重人・小川正人・窪田眞二・西原博編『別冊法学セミナー　新基本法コンメンタール教育関係法』日本評論社、二〇一五年。
(73) 長澤成次「社会教育」同前書。
(74) 辻浩「『教育福祉的生涯学習』から見た教育基本法解釈の課題—困難を抱えた人々の連帯による教育改革—」名古屋大学大学院教育発達科学研究科社会・生涯教育学研究室『社会教育研究年報』第三四号、二〇二〇年。

(75)　佐藤一子・安藤聡彦・長澤成次編著『九条俳句訴訟と公民館の自由』エイデル研究所、二〇一八年。
(76)　佐藤一子「『学びの公共空間』としての公民館―九条俳句訴訟が問いかけるもの―』岩波書店、二〇一八年。
(77)　九条俳句不掲載事件市民検証委員会『九条俳句不掲載事件市民検証委員会報告書』二〇二一年。
(78)　島田修一「『行政改革』と社会教育―その問題状況と理論的課題―」島田修一編『行政改革と社会教育　日本の社会教育第二七集』東洋館出版社、一九八三年。
(79)　南里悦史「『行政改革』の地域基盤形成と社会教育関係団体」同前書。
(80)　小林文人「社会教育政策の動向と対抗する運動」前掲書（53）。
(81)　長澤成次「地方分権・規制緩和と社会教育関連法改正―法改正後の自治体条例改正を中心に―」日本社会教育学会編『地方分権と自治体社会教育の展望　日本の社会教育第四四集』東洋館出版社、二〇〇〇年。
(82)　姉崎洋一「社会教育法制改編の立法過程における構造的特質―二〇〇八年法改正に即して―」日本社会教育学会編『教育法体系の改編と社会教育・生涯学習　日本の社会教育第五四集』東洋館出版社、二〇一〇年。
(83)　長澤成次『公民館はだれのもの―住民の学びを通して自治を築く公共空間―』自治体研究社、二〇一六年。
(84)　辻浩『住民参加型福祉と生涯学習―福祉のまちづくりへの主体形成を求めて―』ミネルヴァ書房、二〇〇三年。
(85)　辻浩「福祉のまちづくりと住民の学習―貧困の広がりの中で社会的排除を克服する―」日本社会教育学会六〇周年記念出版部会編『希望への社会教育―3・11後社会のために―』東洋館出版社、二〇一三年。
(86)　辻浩「『小さな自治』の指標を考える―学びと協働の社会教育論①―」社会教育・生涯学習研究所『社会教育・生涯学習の研究』第四三号、二〇一九年。
(87)　高橋満『コミュニティワークの教育的実践―教育と福祉とを結ぶ―』東信堂、二〇一三年。
(88)　高橋満「国家、地域づくりと社会教育」日本社会教育学会編『地域づくりと社会教育的価値の創造　日本の社会教育第六三集』東洋館出版社、二〇一九年。
(89)　鈴木敏正「排除型社会を超えて」鈴木敏正編著『排除型社会と生涯学習―日英韓の基礎構造分析―』北海道大学出版会、二〇一一年。
(90)　宮﨑隆志「地域社会教育学としてのSocial Pedagogy の展開可能性」北海道大学大学院教育学研究院社会教育研究室『社会

教育研究』第三七号、二〇一九年。

（91）松田武雄「社会教育・生涯学習の再編とソーシャル・キャピタル」松田武雄編著『社会教育・生涯学習の再編とソーシャル・キャピタル』大学教育出版、二〇一二年。

（92）松田武雄『コミュニティ・ガバナンスと社会教育の再定義―社会教育福祉の可能性―』福村出版、二〇一四年。

（93）松田武雄編著『社会教育福祉の諸相と課題―欧米とアジアの比較研究から―』大学教育出版、二〇一五年。松田武雄編著『社会教育と福祉と地域づくりをつなぐ―日本・アジア・欧米の社会教育職員と地域リーダー―』大学教育出版、二〇一九年。

（94）佐藤一子「ＮＰＯと21世紀の社会教育」佐藤一子編著『ＮＰＯと参画型社会の学び―21世紀の社会教育―』エイデル研究所、二〇〇一年。

（95）佐藤一子「ＮＰＯの教育力と協働・参画型社会の構築」佐藤一子編『ＮＰＯの教育力―生涯学習と市民的公共性―』東京大学出版会、二〇〇四年。

（96）高橋満『ＮＰＯの公共性と生涯学習のガバナンス』東信堂、二〇〇九年。

（97）日本社会教育学会編『ＮＰＯと社会教育　日本の社会教育第五一集』東洋館出版社、二〇〇七年。

（98）松永尚江「公民館の講座を通して市民の協同を作る」『社会教育・生涯学習研究所年報―小さな学びを創る協同―』第一五号、二〇二〇年。

（99）辻浩「教育福祉を担うＮＰＯ・市民活動と公的社会教育―新しい価値観の創造と行政的・市民的承認の地域における結合―」名古屋大学大学院教育発達科学研究科社会・生涯教育学研究室『社会教育研究年報』第三五号、二〇二一年。

（100）上杉孝實『地域社会教育の展開』松籟社、一九九三年。

（101）佐藤一子「社会教育概念の再構成―グローバル・システムの変容と成人教育の『世界的相互規定性』―」日本社会教育学会編『現代社会教育の理念と法制　日本の社会教育第四〇集』東洋館出版社、一九九六年。

（102）日本社会教育学会編『グローバリゼーションと社会教育・生涯学習　日本の社会教育第四九集』東洋館出版社、二〇〇五年。

（103）『社会教育・生涯学習研究所年報―小さな学びを創る協同―』第一五号、二〇二〇年。『社会教育・生涯学習研究所年報

―住民の学習と公務労働―』第一六号、二〇二一年。『社会教育・生涯学習研究所年報―住民の学習と公務労働（その２）自治体「正規」職員はいま―』第一七号、二〇二二年。

(104) 前掲(99)。

(105) 辻浩「『学校から社会への移行期』における教育福祉と学校改革―『総合教育政策』の可能性を求めて―」名古屋大学大学院教育発達科学研究科社会・生涯教育学研究室『社会教育研究年報』第三六号、二〇二一年。

(106) 大石真紀子「阿智高校地域政策コース観光エリアと全村博物館構想の連携について」『社会教育・生涯学習研究所年報―住民の学習と公務労働―』第一六号、二〇二一年。

第 2 章

生活課題の克服と〈共生と自治〉の社会教育実践

1　戦後日本社会と社会教育実践

社会教育実践のとらえ方

社会教育実践とは、住民が学習を行うこととも考えられるが、それを計画したり支援したりすることとも考えられ、さらには、そのことをすすめる組織や体制をつくることとも考えられる。筆者はこれらのすべてを含んで社会教育実践と考えるが、社会教育の組織と体制については第1章で述べたので、第2章では住民の学習およびその支援や計画について論じていく。

また、社会教育実践は社会的・構造的な問題に取り組む意図的なものであることもあれば、日常生活の中での気づきや感動など偶然的なことに注目することもある。前者の場合、社会の中で厳しい状況を強いられ、自己疎外に陥っていることを改善することに力点が置かれ、後者の場合、人との出会いの中で豊かな関係性を育むことに力点が置かれる。

この両者をめぐっては、二律背反の関係にあるとも考えられるが、筆者は両者を重畳的なものと考えている。それは一つに、本章で見ていくように、〈共生と自治〉からみた戦後社会教育実践が、比重の置き方に違いがあるものの、両者の視点をもちその関係を考えてきたということがあり、二つに、今日の社会教育実践において、貧困や障害、差別を受けている人たちや切り捨てられようとしている地域から学習を見た時に、違いを認め合って関係が豊かになることだけで済ますことができない、社会的・構造的な課題を取り上げる必要があるからである。そして三つに、社会的・構造的な視点を抜きにして豊かな関係形成をとらえると、そのことができていなかったことが個人の自己責任にされてしまい、四つに、平和や人権が危機に瀕しているにもかかわらず社会的に意見が分かれていることは公的社会教育で取り上げるべきではないという論調を容認し、結果的に社会の流れが政治的・経済的な力をもつ一部の人によってつくられることになると考えるからである。

〈共生と自治〉から見た社会教育実践の展開

戦後社会教育実践を整理するためには、社会教育関係の雑誌や研究集会のレポート、社会教育機関で編集された実践報告集や館報、研究者による優れた実践の紹介などに目を通す必要がある。また、まとまったかたちで公刊された実践報告だけではなく、実践家が残した記録や日誌、学習者が残した文章などを発掘して分析することも必要である。しかし、それは筆者が一人で行えるものではない。

そこでここでは、〈共生と自治〉から見た社会教育実践に限定したうえで、一定程度の論稿が残されている取り組みを通して、戦後社会教育を問題史的に描くことにする。必ずしも系統的・集中的に集められた資料や文献にもとづいて分析するものではないが、そこから浮かび上がってきたことは、「自己と社会の変革に取り組む青年教育」と「健康・福祉の課題に自治的に取り組む公民館」ということであり、その代表的な実践を各時期で一つずつあげると次のようになる。

【自己と社会の変革に取り組む青年教育】

戦後改革期における農村青年の活動と青年指導者

高度経済成長期における三鷹市の勤労青年学級

低成長・経済大国期における町田市の障害者青年学級

格差拡大期における文化学習協同ネットワークの若者支援

【健康・福祉の課題に自治的に取り組む公民館】

戦後改革期における水縄（みのう）村の生産公民館と地域再建

高度経済成長期における松川町の女性の学習と健康学習

低成長・経済大国期における松本市の公民館と地区福祉ひろば

格差拡大期における所沢市の地域リハビリ交流会

これらの実践を先行研究とも絡ませて、戦後日本の〈共生と自治〉の社会教育実践史の輪郭を描くとともに、代表的な実践者に焦点を当てて、実践への思いや内容にも立ち入って考察したい。

2　自己と社会の変革に取り組む青年教育

戦後自己教育運動と青年教育

第二次世界大戦直後、「聖戦」と信じて困難を耐えてきた多くの人びとは、茫然自失の状態になり、食料の不足も相まって、「その日暮らし」の精神状態になった。このような中で、青年の中では、無為に時間を過ごしたり、意味なく騒いだりすることもあった。

しかし、一九四五年一〇月に占領軍の指令で治安維持法が撤廃されると、それまで口を閉ざしていた知識人が中心となって、学習・文化活動が組織されはじめた。活動のあり方をめぐる厳しい議論を経て四六年二月に正式に発足した「庶民大学三島教室」では、中心となっていた木部達二が、学生時代に東京帝国大学で末弘厳太郎に師事していたことから、法学、経済学、哲学、歴史学、農学、数学の一流の研究者を招聘して講演会を開催した(1)。同様に、「鎌倉アカデミア」「京都人文学園」でも多くの研究者を講師に招いた学習会が開催され、その他にも、浪江虔が「農村文庫構想」を提起し、戸塚廉の農民組合と協力した文化活動、中井正一の尾道(おのみち)図書館での講演会、勝野時雄による吾妻(あづま)村公民館での活動などが行われた(2)。

このような知識人による学習活動の組織化に続いて、二・一ゼネスト禁止にみられる占領政策の転換の中で、労働組合や農民組合による学習活動が組織された。また、一九五三年の青年学級振興法の制定をめぐる議論から、青年教育への国家統制を察知した日本青年団協議会は「共同学習」を全国の青年組織に呼びかけた。共同学習によって自分たちの生活に目を向けることは、学校教育で展開されていた生活綴方の影響も受けながら、「生活記録」の活動につながり、さらには「うたごえ運動」のような民衆の文化も生み出していった(3)。

このような流れの中で青年の団体やサークルが生まれたが、生活向上も地域の民主化も自己を表現することも、簡単にはすすまなかった。そのような中で、青年教育に情熱を注ぐ指導者が活躍し、実践的・理論的な提起が行われた。

農村青年の活動と青年指導者

そのような青年指導者の代表的な存在である松丸志摩三と須藤克三と島田武雄は座談会「社会教育あれこれ」の冒頭で、自分たちの役割は何か、どういう職業なのかということを話し合っている。そこで松丸は「社会教育活動家」とは考えていないが「社会教育活動家のはしくれに連なったようなこと」をしている「おかしな存在」

といい、須藤は、「おかしな存在」ではあるが「何か訳わからずにモンモンとしている青年たちを手がけて、その悩みの種を見つけ、かつ気づかせてやる。そしてそういう青年と公民館主事とを結びつけてやるという、いわば掘り起こしと結びつけの仲立ちの役目」であるという。そして島田は人びとがバラバラに思いついたり考えたりしたことを、少し待たせたり、頑張らせたり、相談先を紹介したりする、いわば「交通巡査」のような役割であると述べている。(4)

この座談会が収録されている文献によると、松丸は一九〇七年生まれ、東京大学農学部を卒業して朝鮮総督府技師さらには課長を務め、須藤は一九〇六年生まれ、山形師範学校および日本大学高等師範部を卒業して教員生活を経た後山形新聞論説員を務めている。そして島田は二人よりはやや若くて一九一四年生まれ、京都大学史学科を卒業して教員になった後農村文化協会長野支部で農村文化活動にかかわっている。いずれも高学歴で社会的に高い地位を経験しており、松丸と須藤は終戦を迎えたのが三〇歳代後半、四〇歳代で青年指導者として活動している。

このような青年指導者がどのような活動をしていたのかを文献から探ると、当時の社会状況と青年の実態をよく把握し、それに対して、深い考察と提案を行っている。たとえば松丸は「これまでにあまりなされていない、団員の青年たちが感じている、漠然とした〝改革を実行することの必要さ〟の感じを、はつきりした自覚にそだて上げる」ために必要な課題を、①このままではいられない、②問題はどこにあるのか、③読書について、④親孝行ということの本当の意味、⑤「赤だ」といういいかた、⑥交友と恋愛について、⑦娘の考えかたと嫁の問題、⑧伝統と郷土愛について、⑨何からはじめるべきかと設定し、それぞれの冒頭に課題を提示し、自身の持論を述べた後、討論課題を示している。たとえば「このままではいられない」では次のような課題設定と討論課題が示されている。(5)

【課題設定】

日本の農村は現状のままであってはならない。どうしても改革しなければならない点が多く、そのためには、何かの小さな改革からでもぜひ実行してゆかなければいけないと思うのだが、その「改革を必要とする気持」を、一体どうそだてて行ったらいいのだろうか。

【討論課題】

1　農民が経営者であることで、つよめてしまっている〝経営者根性〟というものの、くわしい内容は、一体どういうことなのだろうか。

2　私が以上の話の中でごく簡単にふれた〝農民の経営者根性とは、近代的経営者のもつ経営者根性というよりは、お大名的経営者根性だ〟といった時の、その〝お大名的経営者根性〟とは、一体どういうことなのだろうか。

3　改革を実行する必要さを本当に自覚するために、なぜ自分の言行に責任をもつことが必要なのだろうか。

この課題設定と討論課題の間には、戦後日本の民主主義が労働者の間では定着してきているが農民に定着していない理由として「お大名的経営者根性」を指摘し、そのような甘えを払拭する必要があるということが書かれている。

また、青年運動が下から盛り上がってくるまで待つことが本道であるとしながらも、それには時間がかかるので、当分の間は「上から下に向かって掘りすすむという形で、青年運動が進展させられることもまたやむを得まい」として、「幹部青年」や「青年運動を指導する人たち」が陥りがちな問題を鋭く指摘している。(6)

須藤も同様に農村青年が直面している問題をふまえて、多くの課題について自分の考えを述べている。最初と最後に取り上げられている課題の冒頭を紹介すれば次のようであり、それぞれの課題の考え方について、具体

的なエピソードが数ページで描かれている。(7)

【「君」はいったい「誰」なのか】

誰が何をいっても「自分」は「自分」だ。何をしてもおもしろくないから「自分」のすきなことだけやっていればいいという「君」は、しやんとした「自分」をもっているようですが、考える「自分」はどこかにいってしまっているようです。ほんとうの「自分」とは、いったいどんな「自分」なのだろうか。すじの通った「自分」とは、どんな「自分」なのだろうか。

【農村の文化をたかめるには】

「農村は文化的水準が低い」とか「今の青年たちは低級な小説をよみ、俗悪映画を楽しんでいる」などとよくいわれます。いったい、この「水準」とか「低級」とか「俗悪」とかは、何をもとにしていっているのでしょうか。都会はそれほど文化的水準というものが高く、昔の青年は、それほど高級な小説や、高尚な映画をみていたものでしょうか。とにかく、農村の人たちは、汗にまみれて生産しているのですが、どういう文化を生み育てていけばよいのでしようか。

須藤は農村青年がかかえる多くの課題を取り上げ、青年たちに考えるべきことを投げかけた後、「あとがき」で「若い人たちの考えと、わたしのようにとしをとつた者との間には、いろいろズレているところもあるでしょう。そういうズレを、おたがいに考えなおしてみるのも、わたしたちのだいじな学習だと思いますから、どうか話しあいの材料にして、えんりよのない意見を聞かせて下さい」と述べている。(8) 年齢差はもちろんだが、学歴や生活経験の違いなども含めて自分の位置の曖昧さを感じていたのかもしれないし、自分の指導の自信のあらわれがこのような言葉になっているのかもしれない。

戦後改革期の青年教育では、地域の封建制を見つめる相互学習が行われたが、このような青年指導者もいたということがある。このような指導者は職業でなくて青年教育に力を注ぐことができる地位にあり、知識が豊富で社会への批判意識もある人物であり、その指摘も鋭い。しかし啓蒙的な色合いがあり、農業青年の課題への共感の度合いをはかることが難しい。その点では、青年のサークル活動にかかわりながら、青年たちのいい加減さや至らなさも大らかに受けとめ、人間の成長を見守る大田堯の取り組みとは異なっている。(9)

その後、戦後民主主義の啓蒙的性格への批判もあり、鋭く問題を分析して課題を提起する青年指導者ではなく、青年に寄り添うことが主流になっていくが、ここでみられた青年指導者の明確な態度や研究熱心さには注目する必要もあるのではないだろうか。また、この時期の青年教育には、連合国軍総司令部民間情報教育局の指示で実施された「全国青少年教育指導講習会（ＩＦＥＬ：Institute for Educational Leadership）」を受講して指導を行う者もいた。ＩＦＥＬの受講者は、グループワークやレクリエーション、ディスカッション、プログラムの立て方などを指導することで、「主体性確立まで道遠く」とも指摘されている。(10)そのような中で、青年がかかえる課題に共感し、啓蒙的ではあってもそれを励ます青年指導者の存在には意義があったということができる。

高度経済成長と勤労青年教育

一九五〇年にはじまる朝鮮戦争による特需によって原資を蓄えて、日本社会は五〇年代終わりから高度経済成長期に入った。それは、政治的にはアメリカとの安全保障条約と結びついたものであり、そのことから安保闘争が起き、企業の利益を優先したために深刻な公害も発生した。また、農業基本法制によって大規模化や機械化を求められた農業経営は厳しくなるとともに、若年労働力を都市に供給する役割を果たすことになった。一方、都市では流入してきた青年たちが苦しい生活の中でいかに自立することができるのかが課題となった。

このような中で、社会科学的なものの見方を教える労働者教育協会に勤労青年が集まり、名古屋市の青年サークルでは一九六一年から自分と家族と社会を結びつけてこれからの生き方を考える「生い立ち学習」が取組まれた。一方、農村では農業近代化をめざすグループが結成され、長野県では六〇年に「信濃生産大学」が発足した。ここでは、①身近な地域での読書会、②郡市単位の交流会と研究、③全県レベルの宿泊研修、という三重構造の学習を構想し、農業技術や農業経営の問題と農政や自治体の問題とを結びつける学習、すなわち「生産学習と政治学習の結合」が実践的に追求された。また、このような青年教育ばかりでなく、公害問題の学習や子どもの社会教育も盛んに取り組まれ、その基盤として、自治体の社会教育の発展に向けた議論が展開された。(11)

高度経済成長によって豊かになった日本社会では、高校進学率が上昇したが、そこに産業の発展を支える人的能力開発政策が持ち込まれ、偏差値による高校の序列化がすすめられた。このような青年期教育の差別的再編に対して、宮原誠一は青年の労働と生活の現実から、後期中等教育と勤労青年のサークルのあり方を論じ、精神労働と肉体労働を統一することが青年期教育の課題であると主張した。(12)また、小川利夫は高校進学率が上昇すれば、そこから取り残された青年はこれまで以上に不利な状況に立たされると考え、養護施設入所児童や中卒集団就職者に注目した。「劣等処遇の原則」から高校進学が制限されている養護施設で暮らす子どもが高校に進学する意義を訴え、(13)低賃金で働き孤独になりがちな中卒集団就職者が「一人前」になっていく過程を明らかにして、その支援のあり方を提起した。(14)

高度経済成長期には、このようなことから青年期教育が重要な課題になったが、長男が家を継ぐために実家に残るという封建的な家族関係に憤り、厳しい昼間の仕事で疲れた青年が学習に向かうのは簡単なことではなかった。勤労青年教育はこのような青年に対して、都市での定着と自立に向けて、自治体の社会教育として取り組まれることになった。

三鷹市における勤労青年学級

若年労働力として流入してきた青年のために、教育委員会が商工会と協力して開催した勤労青年学級として、三鷹市勤労青年学級がある。

東京都三鷹市の青少年委員会は、一九五九年に勤労青年の実態把握を行いながら、まず市内の商店で働く店員の余暇活動の計画を立てた。その結果、六〇年に商店街青年部を結成し、その中で「商店青年学級」をはじめ、華道、珠算、書道、卓球、野球、柔道の六つのコースが設けられた。このような青年教育に職員としてかかわった小川正美は、その開設には複雑な利害が絡んでいることを、「青少年委員の肩書で生まれるものでもない様だ。勿論思想とか理念とかでおいそれと開設されるものでもない」と記している。そのような中で苦悩しながら、毎日の生活の厳しさと将来の見通しが立たないと訴える文集を紹介して、「青少年委員の親心も、そして店主をまじえて考え出した従業員のためのレクリエーション活動も、さらには商店街維持のためのなにものでもないと考えられる『青年部』の組織づくりも、この一人の青年の悩みに何と答えて行くのであろうか」と自問している。(15)

商店青年学級は二年あまりで行き詰まり、改めて勤労青年の教育のあり方をめぐって、教育委員会と商工会が懇談をもった。その中から計画されたのが「年少青年学級」である。一九六一年に、一五歳から一九歳の勤労青年を対象に、電気、機械、商業、生花のコースが設けられた。そこでは、「親しく語る仲間がほしい」という希望を受け止め、「現状から抜け出したいために精一杯生活していること」を理解し、「これに希望と勇気を与える」のが青年学級であると考えられるようになった。このことを小川は、「ここで大へん大事なことは、今までの『働く青年一般』から『働く一人の青年』へその視点が向けられようとしていることであろう。一人の青年の

置かれている状態を正視して、その視座から青年学級とは何かをとらえようとしている」と評価している。(16)

青年の生活実態を見つめ仲間づくりをすすめるこのような年少青年学級がつくられる一方で、地域の事業所からは職業技術への教育要求も出され、一九六二年に「青年実務学校」が開設される。一八歳までの勤労青年が対象で、修業年限二年の本科（機械科、電気科、商業科）と修業年限一年の専攻科（機械工学科、電気工学科）からなるものである。この学級の開設にあたっては、市議会で「中卒青年の流入促進であり、職安行政の下請にならないか」との疑問が出され、小川も「年少学級一人一人の青年たちのあの燃えるような情熱と願望が『実務学校』という名のもとに、『電機科』『機械化』『専攻科』という革袋の中味は、『中小零細企業の人集め』であり『ひいては不良化防止にも役立つ』ことにすぎなかったのであろうか。（中略）高度経済成長の渦の中に巻き込まれ、まともにそのしぶきに覆われている青年たちに向って『苦しいだろうがまじめに努力するのだ。心の持ちようで……』と叱咤激励のみで明日からの文字どおり『生きる支え』としての〝よりどころ〟をいわゆる青年の学習の場を得ることが出来るのであろうか」と述べている。(17)

青年実務学校は青年へのアンケート調査で、電気や機械の知識を身につけることよりも友だちができたことの方が高い評価を受けたことから、検討を余儀なくされていく。その結果、一九六六年から「勤労青年学級」が開設される。そこでは、社会、文学、話し方、ペン習字のコースが設けられた。また、これまでの実践で取り組んでこなかった学習記録を残すことに取り組み、そのことで「〝働く青年〟が主体的に自分を変革して行く〝学習の場〟としての、基本的な共通の考え方をさぐり出して行きたい」と述べられている。また、講師補佐として大学生や大学院生を定着させ、「〈むき出し〉の緊張関係が成立し〈タテマエ〉だけでない〈ホンネ〉」が出されることを「学習を組織して行くうえでの原点」にしようとした。さらに、市内に住む多くの青年が交流できるように、サークルに呼びかけて、「三鷹青年団体連絡協議会」の結成に力を注ぐとともに、次年度の青年学級の企画を自分たちでつくるために「青年学級来年度建設委員会」を発足させた。[18]「勤労青年学級」の四つのコースでは、共通して「書く」ことに取り組んでいるが、そのことの意味を、仲間づくりとつなげて、小川は次のように述べている。[19]

働く青年にとっては、書くことは「苦痛」以外のなにものでもないことは、わかりすぎるほどわかっている。それでもあえてそれにたちむかおうとすることは、ひとりひとり、青年・主事・講師を結びつける人間関係の「きずな」の〝質〟が問われなければできないことである。しかし、それをもとめつづけていくところに、学ぶこと、、、を学ぶ学習の根底としてのしんの仲間が志向されているのであり、働く青年の学習がじみちにそだっていくのではないだろうか。

このように小川がめざした勤労青年学級は、息抜きの場を与えるだけのものでもなければ、職業的に役立つ知識や技術を伝えるものでもない。生活と社会を見つめ、それを文章にして発表し合い、課題を克服するために有効な科学を学びながら、「真の仲間づくり」をめざすものである。そのことを大正期の自由大学運動と重ねて、小川は勤労青年学級を「地域青年自由大学」にしたいと希望を語っている。青年の自主性にもとづいて生活課題を自由に学び、恵まれた学生が学ぶ大学ではできない「真の学問の国民化」を求め、そのような学習・文化要求を権利として公的に保障する教育運動の一環として、勤労青年学級をとらえようとしていた。[20]

高度経済成長期の青年教育では、義務教育を終えただけで都市に労働力として流入してきた青年にどのように向き合うかが問われた。そこでは、一方に、商工会からの要望として息抜きや職業技術を高めることが求められたが、他方で、生活と社会を見つめて文章を書き「真の仲間づくり」が模索された。このような中で、行政として青年学級を開設したことから、その実践は両者の間を行き来しながら展開されることになり、職員である小川は悩みながら実践を行っていたことが見て取れる。まさに、民衆の求める社会教育と国家が求める社会教育の矛盾の中で実践が展開されたのである。

そのような複雑な状況の中で、小川が「真の仲間づくり」を粘り強く追求できたのは、小川自身も恵まれた環境で育ったわけではなかったことと、社会教育研究者からの励ましがあったからではないかと思われる。退職記念誌に掲載されている年譜によれば、小川は鹿児島県種子島の高校を卒業して上京し、農協で働きながら大学に通い、その後三鷹市に採用され、社会教育主事講習で資格を取得している。また、学習記録の必要を藤岡貞彦から強く指摘され(21)、都市青年の実態把握の必要と「地域青年自由大学」というロマンを小川利夫との関係の中で抱いていた(22)。

高度経済成長期には、恵まれた階層の出身ではない青年も大学に進学し、自治体労働者として社会教育実践に携わるようになる。このような中で、青年教育は啓蒙的ではなくなり、同じ労働者として、職員と勤労青年の共感も芽生えるようになった。しかし、高度経済成長は勤労青年に低賃金で素直に働くことを求め、それが青年学級にも影響を与えていた。そのような矛盾した状況の中で、社会教育職員は勤労青年の自己形成のための実践を探求し、それに社会教育研究者もかかわりをもっていった。

障害のある人の教育機会の拡大と社会教育

戦後教育改革では、「教育の機会均等」を実現するために、教育基本法で九年間の義務教育を定め、学校教育法附則で一九四七年四月一日からそれが施行されることになった。ところが、盲学校、聾学校、養護学校については施行日を別途定めるとされ、養護学校の場合、そのまま長く放置されることになった。それに加えて、五三年の文部事務次官通達によって、障害の程度が区分され、その程度に応じて、特殊学級、養護学校の他に就学猶予・就学免除で対応することが示された。このようにして、障害のある子どもが義務教育を受けることができない状況がつくられた。(23)

しかし、一九五六年に精神薄弱児・肢体不自由児教育義務制実施促進大会が開催され、六〇年代に入ると、教職員組合によって重複障害児学級の設置などの運動が展開され、障害のある子どもを育てる親の運動も活発になった。(24)このような「不就学をなくす運動」の結果、七三年になって、七九年から就学猶予・就学免除を廃止して養護学校を義務教育にすることになった。このことが実現すると、「不就学をなくす運動」を引き継いで、養護学校高等部の定員を拡大して、希望する子どもが一八歳まで教育を受けられるようにすることが求められ、さらには学校卒業後の福祉的就労の拡大と青年学級の開設が求められた。

このような一連の障害者の学習権を求める理論的バックボーンになったのは「発達保障論」である。これは、能力や人格の可能性が開花できない状況に置かれてきた障害のある人たちの発達を、教育・福祉・労働・医療・文化・政治参加などの実践や運動と結びつけて保障しようとするものである。その際、発達を個人の課題として考えず、「集団、個人、社会体制の、それぞれの発展、発達、進歩」とかかわらせてとらえ、そのための運動は、障害者と家族、関係者、国民が対等な関係ですすめなければならないと考えられた。(25)

障害者青年学級は、一九六四年に東京都墨田区に開設された「すみだ教室」が最初であるが、それは「特殊学級」の卒業生の集いという性格が強く、社会教育行政の所管ではあったが、企画・運営は教員が行い、学校を会場に開催されるものだった。それに対して、七〇年代半ば以降都市部に広がっていく障害者青年学級は、公民館など社会教育施設が主催する学級として、開催される回数も大きく増えた。そのことによって、障害のある人も市民として社会教育の場で学ぶことが公的に保障されることになった。(26)

東京都町田市では、障害のある青年の休日の活動について要望が出された時、当初は「障害者のことは福祉で受け止めよう」と考えられたが、障害のある人も市民として社会教育の場があるべきであるということから、公民館で青年学級が開設されることになった。一九七四年の開設にあたっては、発達保障論に学び、「この学級は、障害者の青年が豊かな生活を築くため、仲間達と話し合ったり、学習したり、思いっきり遊ぶ中で、生きる力や働く力を獲得していくことを目ざすものです」という目標が掲げられた(27)。

また、東京都国立市では、休日の過ごし方についての要望があり、一九七五年から親の会が主催する余暇活動が行われることになったものの、障害のある人が受け身になっていることが課題とされた。それを解決するために、障害のある青年と障害のない青年がともに活動をする「サンデーコーヒーハウス」を催し、八一年の公民館の喫茶コーナー「わいがや」のオープンにつなげ、それと連携させるかたちで、八〇年に障害者青年学級が開設された(28)。

町田市における障害者青年学級

東京都町田市で障害者青年学級を一九七四年に開設するにあたって、社会教育主事の大石洋子は、人形劇の専門家や青年心理の研究者、福祉事務所のソーシャルワーカーの協力を得た。それとともに、青年が主体的に活動できる場であることが必要と考え、京都府の与謝(よさ)の海養護学校の卒業生を中心とした「宮津青年学級」や、作業所の中で障害者の発達を追求していた名古屋の「ゆたか作業所」を視察した。大石は、「宮津青年学級」では、障害の軽い人も重い人もそれぞれの課題に取り組むとともに、みんなが参加できる野球の仕方について真剣な話し合いが行われていることに驚き、「ゆたか作業所」では青年が自治会を組織して、レクリエーションを考えたり働き方を考えたりしていることに感動したと述べている(29)。

与謝の海養護学校は「不就学をなくす運動」のきっかけとなった就学猶予・就学免除をなくした学校であり、

ゆたか作業所は一八歳以降の発達保障を労働と結びつけて実現しようとする先駆的な取り組みを行っていた。このような発達保障論にもとづく実践に学んで、大石は障害者青年学級を総括する視点について、「第一に、その実践が障害者の生活の困難に迫るものであったか、第二に、集団活動の素材を通しての教育実践が、集団活動の自治をつくり上げ、そのことが青年一人ひとりの人格発達をうながすものであったか、第三に、この教育実践の過程で、障害者の地域生活圏を広げることができたか、ということをあげてみたい」と述べている。[30]そして、このような実践をめざして、月一回のスタッフの学習会を設け、茂木俊彦の『障害児と教育』や北田耕也の『大衆文化を超えて』、竹内敏晴の『からだ・演劇・教育』などをテキストにして、障害者にとっての教育や生活と文化・表現のかかわりについて考え方を共有できるようにした。[31]

発達保障論が重視している個人と集団と社会のかかわりについては、開設された当初から、人形劇づくりを通した仲間づくりや話し合いによる生きる力と働く力の獲得がめざされた。また、重度の障害のある人の受け入れをめぐる真剣な議論の中から、「私たちは彼（重度）を受け入れることによって、来年度以降の学級に向け障害者の問題にまなび、彼とともに発達していく」という結論を出した。重度の障害のある青年も交えて集団が高まる必要があると考え、一九七六年からは一人で通級できない場合でも参加できるようにした。[32]さらに、発達保障論から考えると、学校で学びきれなかったものがあるということから、数学、国語、美術、技術工作、音楽、手芸にも取り組み、青年学級を経て、夜間中学や定時制高校で学ぶ青年もあらわれた。[33]

このように個人の発達と集団の発達が結びつけられていたが、より意識的に自治集団づくりをめざして、一九七八年からは班活動が導入され、さらに八一年からは「生活の見つめ直し」に力を注いだ。そして八五年からは、音楽コース、自然コース、劇ミュージカルコース、健康体づくりコース、生活コース、物づくりコースを基本とするコース制を設けて、関心のあることを一年間通して追求しながら、「生活づくりと文化創造」をめざすようになった。そしてその成果を生かして、八八年からは「若葉とそよ風のハーモニー」というコンサートが開催されることになり、町田市の文化的な大きな財産になっている。(34)

コース制を設けて、集団の中で「生活の見つめ直し」から「生活づくりと文化創造」に取り組むことで、青年の活動が能動的になり、発表への過程で文化の担い手になってきたことを大石は次のように述べている。(35)

「劇づくり」が「生活を見つめ直す」というテーマに果たした役割は大きい。劇づくりのなかでおこなわれる自己表現は、表現内容が一回限りではなく継続的に扱われていることや、たんなる言語表現だけでなく、身振りや道具を使った総合的な表現であることによる。また、表現内容の共有化と比較化の過程がもつ意義は大きい。すなわちたんなる話し合いと比べて、一人ひとりの表現内容が互いに分かりやすく、集団で共有することを可能にし、相互理解を深めることになった。さらに、自分の表現内容をちがった角度から見つめ直すことにより、表現内容を発展させることができた。(中略)

音楽コースを中心にオリジナルソングが創られ、既成の作品を脚色し、演ずる仲間の思いを重ねるような劇の創作や、心や身体を解放するような踊りや音楽をとりいれたミュージカルづくりをする劇ミュージカルコースの活動。健康やからだづくりを考え、障害にあわせてルールをつくりなおしたスポーツに取り組む健康からだづくりコースの活動。生い立ちをかたり合うなかで、生きることのすばらしさや、生活の困難を共感し合い、自立していきるための力を獲得する学習に取り組む生活コースの活動。さまざまな造形活動を通して体を自由に動かし、作品を作り上げていくものづくりコースの活動。自然の変化を感じ取り、自然に働きかける活動を通して、食物を作ったり、ハイキングを通して環境問題にせまる自然コースの活動等がおこなわれている。

大石は障害者青年学級に取り組む前には、勤労青年学級の担当者として、話し合いを中心とした学習を組織して、自分の課題を「自分のことば」で語ることが大切であると感じていた[36]。その意味で大石は、仲間の中で自分の境遇への問いかけを行う勤労青年学級からさらに進んで、障害者青年学級で一面化された能力による差別への問いかけを行ったということができる。

このような中で、より明確に意識されたことが、発達とは何かということであり、その保障のために有効な方法は何かということであった。勤労青年学級でも個人と集団と社会をつなぐことは意識されていたが、障害者青年学級では発達保障論からそのことを深く学び、それを認知のレベルにとどめずに、表現活動を導入することでその定着をはかることがめざされた。また、障害のある人たちの課題は複雑であることから、人形劇や青年心理、ソーシャルワークなどの専門家を組織し、実践に必要な市民スタッフを集め、共通認識をもてるようにした。このように市民スタッフがかかわることで、障害のある人とない人の交流が生まれ、それが地域の中で障害者理解を深め、さらには社会を変えることにもつながると考えられた。

生きづらさをかかえる若者の支援

高度経済成長期を経て経済的に豊かになった日本社会では、人間関係の希薄さや子どもの発達の歪みが指摘され、不登校やいじめも深刻な課題になった。そのような状況に加えて、経済のグローバル化や規制緩和などが原因で、一九八〇年代半ばからジニ係数（不平等度）が高まりはじめ、格差社会が訪れていると九〇年代半ばに警鐘が鳴らされた。世帯類型別では、高齢世帯や母子世帯、単身世帯の貧困率が高く、貧困の中で育つ子どもや安定した仕事が得られない青年の存在が注目されるようになった[37]。子どもたちは一方で、競争と同調圧力が高い学校生活に疲れ、他方で、貧しい家庭環境で将来への展望が描けないという問題をかかえ、それがエンプロイ・

アビリティ（雇用されるための能力）の差を生み出し、青年期さらには人生全体に影響を与えている。そのような意味で、所得格差を中心にしながらも「相対的剥奪」の視点を重視して、貧困が世代的に再生産されることを防ぐ政策が必要になった。(38)

このような中で、不利な状況にある青年を支援する必要が指摘され、日本の伝統の中で習俗として存在していた「居場所」の意義を確認しつつ、それに支援の要素を含むユースワークを加え、社会を変えることにまで視野を広げた議論が展開された。(39) また、福祉的支援とは違う「社会教育的支援」を確立するために、「ターゲット・サービス」と「ユニバーサル・サービス」をつなぐことができる「第三の領域」で活躍するための専門性も探求されている。(40)

このような居場所や「第三の領域」が求められる一方で、学校での「学び直し」の必要も指摘されている。居場所での交流や話し合いの中で「学び直し」の必要を自覚した青年は、定時制や通信制の高校を活用することを考えるが、そこで学び続けるためには、身近な場所でのつながりを絶やさないことが必要である。(41) また、単なる読み書きの能力ではなく、人間関係を含む社会の中で必要な読み書きの能力を「リテラシー」ととらえ、夜間中学に通う人びとやそこでの実践を通して課題を浮き彫りにし、成人基礎教育の制度化の必要とその際の課題も指摘されている。(42)

今日の青年教育の中では、居場所や「第三の領域」でさまざまな価値観にふれ、自分の中で絶対化されていた学校教育を相対化することで、希望を抱き、人生設計をすることが取り組まれている。しかしそこでは、学校形態の教育が全面的に否定されるわけではなく、「リテラシー」の必要を感じた青年が学び直せる機会もつくってきている。また、そのような実践の中では、青年が社会に適応するだけではなく、社会の側が変わることが必要であることが指摘され、活動の中の人間関係や小さなコミュニティの中でそのことへの挑戦が行われている。

文化学習協同ネットワークによる若者支援

今日、若者支援で先駆的な活動を展開しているのはＮＰＯであり、自治体はそのような団体に事業を委託するようになっている。ＮＰＯの取り組みは社会教育実践であるという自覚がないものもあるが、ＮＰＯ法人「文化学習協同ネットワーク」の佐藤洋作は「社会教育的支援アプローチ」を重視している。

「社会教育的支援アプローチ」とは、①若者を孤立から救出する居場所をつくり、②対話を通して自己イメージをつくりなおし、③スタッフも自己の「新しい物語づくり」に同行し、④対話から学びとりわけ批判的学びを創造し、⑤社会との出会い直しを経て、⑥〈良い働き方〉を通した〈働ける自分〉と出会い、⑦働くことを通して働くことを学び、⑧地域の若者就労支援ネットワークの中で学ぶ、というプロセスを含むものと考えられている。それは政策課題として取り組まれてきた職業訓練やキャリアカウンセリング、エンプロイ・アビリティの向上ではなく、「若者たちが自分たちを取りまく現実世界を相対化していく学びを通して、その世界から自分自身を救出し、その世界に向き合うことのできる意識的な主体へと成長していくことを支えることが前提となる」と指摘されている(43)。

「文化学習協同ネットワーク」は、一九七四年に、佐藤が家庭教師をしていた家族からの要望で、子どもたちが集まって勉強をはじめるかたちで発足した。それが八〇年代には、「もう勉強はいいよ」という「子どもたちからの異議申し立て」が盛んになり、それは八〇年代後半には収まっていくものの、いじめや不登校など問題が「沈潜化」され、それまで以上に抑圧されることになっていったという。そのような中で、親たちが自分の子どものために塾をつくる運動を展開したが、九〇年代に入ると不登校が増え、それにこたえてフリースクールが数多く生まれることになった。そして九〇年代後半には不登校の延長として就労することが困難な若者があらわれ、若者のサポート事業が必要になった。このような流れの中で、「文化学習協同ネットワーク」は、補習塾からフリースクール、若者支援事業、若者の居場所、コミュニティカフェ、学習教室など、複数の自治体から委託された事業も含めて活動を行っている。これらの一連の取り組みの基盤には、若者を社会に適応させることを中心に考えるのではなく、「若者の学校から社会への移行期を支えるオルタナティブな教育運動」という考えがある。(44)

「文化学習協同ネットワーク」がフリースペースだった時には、学校や社会から強要される規範を相対化するために、自分らしくあることへの励ましがなされ、(45)就労支援をはじめるにあたっては、大学生の参加も得て「もう一つの〈いろいろな〉働き方」を考え、(46)引きこもり体験を語る講師や農作業などに取り組むとともに、障害者の作業所を見学したことから「コミュニティ・ベーカリー風のすみか」を立ち上げる。そこでは、競争的・管理的な働き方ではなく、精一杯働いていれば評価される経験を通して、「働ける自分」に出会うことがめざされている。そのことで、若者はパンづくりに取り組み、店舗での販売だけではなく、出張販売や引き売り、有機農法による小麦づくりにも挑戦するようになっていく。(47)

このような安心できる居場所から「もう一つの働き方」も含めて働くことに挑戦しながら自信を回復していく過程を、佐藤は次のようにとらえている。(48)

> 居場所の学びの中心テーマは、不登校や引きこもり体験で傷つき低められた自己イメージをつくり直し自己肯定感を育てることにある。それと同時に、若者たちの社会的自立を阻んでいる漠然とした不安を克服していくためには、社会像の再構築と働く基礎的な経験が、学びの具体的なテーマとならなければならなかった。守られた安全空間から外の公共空間へと踏み出すためには、まず、外の世界に意識的に参加していく学びをつくり出すことによって、競争主義的に一面化された社会イメージをもっと複合的で多様な側面をもつ現実像へと再構築していくことができなければならない。

さらに若者たちから働くことへの恐れを消失させるためには、たとえば、ものづくりなどの文化的実践共同体に参加することをとおして働くことの心地よさや働く仲間との関係の取り方とか身がまえ方といったものを身につけていく基礎的な経験が必要であった。居場所が追求してきたこのような社会参加と働く基礎経験は、若者たちから〈働くことへの不安〉を軽減させてくれるものであると同時に、〈自己への不安〉を消し去っていく過程でもある。というのは、この学びの過程は若者たちが自分の心とからだの全体（身体）をフルに動員して人・もの・ことがらと対話しながら自分たちの世界を立ち上げていく過程として遂行されるほかないからである。若者たちは、実践共同体に参加しながら、あるがままの自分に出会い、〈働ける自分〉を発見しながら〈自己への不安〉をしだいに解消していくことができるのである。

このように「人間世界への基本的な向かい方」を身につけることが必要であるが、それに加えて、「人・もの・ことがらにかかわるさまざまな知やスキル」を身につけていくことも必要であると指摘されている。「意欲・態度」と「知・スキル」を総合的にとらえて、身体活動をともなった参加の中でコミュニケーションや身体技法を磨き、そのことが力となって、新たな参加に向かう能動性が生み出されるのである。

そして近年、「文化学習協同ネットワーク」では、若者が安心して働ける場を市場経済の中でもつくることをめざして、企業家と共同した取り組みを重ねている。二〇一七年に東京中小企業家同友会に所属する企業の経営者が中心となって結成された「わかもの就労支援ネットワーク」に参加して、若者の就労体験を中小企業のネットワークの中で行えるようにしている。そこでは、「若者と職場をマッチングさせるだけでなく、若者を受け入れて育てる職場をつくり出す」ことで、「ディーセントな働き方」を社会全体に広げ、そこで若者が働くことができるようになることがめざされている。(49)

「文化学習協同ネットワーク」の取り組みは、社会に参加できない青年に働きかけてエンプロイ・アビリティを高めるのではなく、安心できる空間で集団をつくってエンパワーを促すとともに、社会の働き方を変えることにも取り組んでいる。このような理念を共有し実践を展開するために、「若者支援全国協同連絡会」が結成されている。そこでは「支援」から「協同実践」に軸足を移して、青年同士あるいは青年と支援者がともに育ち合うことや地域のネットワークを構築することに力が注がれている。(50)このようなＮＰＯが中心となっている取り組みを行政が支えることが求められているが、それは福祉や労働の課題というよりも、人間発達と地域づくりにかかわるものである。社会教育行政はこのようなＮＰＯの最先端の動きを地域の中に定着させていくことに貢献しなければならない。

3　健康・福祉の課題に自治的に取り組む公民館

公民館による地域再建と生活福祉

戦後社会に公民館を設置する構想は、一九四六年一月に雑誌『大日本教育』に寺中作雄が「公民教育の振興と公民館の構想」を発表したことではじまり、同年七月の文部次官通牒「公民館の設置運営について」によって政策化される。そこでは、公民館は地域振興の総合機関とされ、内務省、大蔵省、商工省、農林省、厚生省から了承を得たものであることが記されている。公民館は住民が集まって話し合ったり、読書をしたり、生活や産業にかかわる指導を受けたりする所であり、地域の団体が協力して町村を振興させる拠点であり、「眞に町村民の自主的な要望と協力によつて設置せられ、又町村自身の創意と財力によつて維持せられてゆくことが理想である」とされている。このような公民館には、教養部、図書部、産業部、集会部を置き、必要に応じて、体育部、社会事業部、保健部などを置くことも提案されている。[51]

公民館は地域振興のために社会事業部や保健部を設けることも提案されるほど、社会福祉とのかかわりを深くもち、一九四七年に文部省社会教育局長と厚生省社会局長が共同で「公民館経営と生活保護法施行の保護施設との関係について」を出した。そこでは、「各種保護施設と公民館の事業とを緊密なる関聯に於いて考慮することが出来、これにより其の施設内容の充実を図ることも適当な方法」とされ、具体的には一定の手続きのうえで、公民館が生活扶助、医療、助産、生業扶助、葬祭扶助といった保護事業や、宿所提供、託児事業、授産事業といった施設提供を行うことが推奨された。[52]

実際に、文部省が表彰した優良公民館の中には、女性の授産を目的とした生活相談（秋田県大館町）、母乳不足・虚弱な子どもへの牛乳配給や妊産婦巡回指導と農繁期の託児所開設（石川県久常村）、保健・衛生・育児・栄養の知識を与え村民の厚生事業への協力を募る愛育班訓練（静岡県富岡村）などを行った公民館も含まれている。[53]また、『公民館月報』でも健康や衛生に関する取り組みとして、妊婦や乳児の家庭指導（和歌山県川原村）、毎月五〇人への牛乳特配（岐阜県明世村）、山羊の飼育による虚弱児への哺乳（富山県大布施村）、年二回の健康診断（石川県久常村）、衛生展覧会の開催（青森県七戸町）の事例が紹介され、「町村内の医師、産婆、保健婦の方に一役かってもらい健康診断、予防注射、衛生に対する指導をお願いしたらと思います」と述べられている。[54]

さらに、優良公民館が取り組んだ、授産事業も紹介されている（青森県大湊町公民館）。そこでは、戦中に海軍の徴用工や挺身隊として働いた女性の失業が深刻であり、それに引揚者の就労という課題が重なり、「復員局或いは管財、渉外課等と交渉し、元海軍で使用のミシン九台を払い下げて町内の戦災者、未亡人、無縁故引揚者、女子青年等四〇名で『公民館授産部』として本館の基本的事業の一つが発足した」と記されている。[55]

このような公民館の事業は、厳しい生活を改善するためのものであったが、課題を総合的に考えることも提起されていた。たとえば、農繁期託児所や共同炊事の推奨を行う記事では、農繁期の生活問題を取り上げて、「農繁期には農家の婦人は一日、どのくらい働くか」「どうすれば農繁期の過労が、ふせげるか」「農繁期には、どんな食物を食べれば働くだけの力がでるか」「足手まといの幼児をどうするか」「なぜ農業労働者は、他の労働に比べて過重なのか」「なぜ、この村の農業は機械化されないのか」といった問題を見つけて話し合っていくことが大切であるとされている。農繁期の忙しさを緩和するためだけでなく、農村の食生活の改善や女性の健康を守る取り組みから、農村の貧困問題の解消まで視野に入れたものとしてとらえられているのである。(56) 農繁期託児所の開設によって「母親を一層激しい労働の渦中に追いやる」ことになってはいけないのであり、「農村労働に対する正しい批判の上に立つて、(公民館での討論で問題を正しくつかんで)託児所開設が準備されねばならぬ」と指摘し、農作業の機械化なども含めた総合的な生活改善につなげることが求められている。(57)

水縄村における生産公民館と地域再建

公民館の普及に力を注いだ鈴木健次郎は、公民館の事業が計画化されていなかったり、住民に迎合して素人演芸やのど自慢に流れたりすることに問題を感じていた。そのような中で、鈴木は福岡県水縄村公民館の林克馬の取り組みを、「村民の世論を正しく握って、民意のあるところに従って、実績を行うようにしている」と評価している。(58)

林は一九四七年九月に水縄村公民館の主事になり、地域の民主化と産業の振興、生活改善などに取り組み、水縄村公民館は、四八年の第一回優良公民館表彰を受けた。林は「優良公民館建設体験記」の冒頭で、青少年不良化や結核、寄生虫、生活合理化などの問題を「村民自らが発見し、関心をよせ、さらに進んでは、これを解決しようとする意欲を湧きたゝせねばなりません」と述べ、身近な課題を研究して討議するために、農業経営、農業家計簿、特産物の増産、政治的教養に関する専門委員会を組織してきたことを紹介している。そして公民館が生産や行政のあり方にかかわることについて、「公民館のいわゆる縄張りは、一口に言えばこれを思想の線に止むべきでありましょう。生産は農協の実践に、行政は役場に移されて行くところに、まさつや縄張り争いのない平和が保たれ、相互に十分な機能の発揮が行われるのであります」と述べている。[59] このような林の姿勢は高く評価され、優良公民館の視察を促す記事では、水縄村公民館の特色が「興村計画に立脚する公民館経営分館活動」に加えて、「主事の識見」と記されている。[60]

このような林の主張や識見は、公民館をめぐるさまざまな軋轢をくぐり抜けてつくられたものである。地域には公民館を「余剰施設」として見る風潮があったり、「ボス的感情」が支配する傾向があったりした。それに加えて、予算や人材の不足があった。林はそのことを公民館の理念を明確にすることで乗り越えようとした。農村の民主化、郷土課題の発見と研究、行政支配の排除、委員会の公正、村民の知識と技術の活用などを掲げ、各種団体や行政機関との関係を念頭に置いて、「基調体としての公民館」と「綜合体としての公民館」を提唱した。公民館が地域の方向性を決める「基調体」であり、団体や機関、審議会を連携させる「綜合体」であるという考えには、行政や議会の反発が予想された。このことについては、公民館は行政や議会の代わりになるものではなく、「公民館は、町村議会が、世論の上に立つて、権威ある正しい決議をなし易くするために働いているのであり、町村民の政治的関心を高め、批判力を高めるための教養機関として存在している」と述べている。[61]

林は水縄村公民館の特徴を「生産公民館」としているが、それは単に公民館での活動によって生産性を高めるということではない。農民の生産や労働を改善することを通して、「文化は、生産と共に」という考えにもとづく「働く村の公民館」をめざすものであり、その意味を次のように説明している。[62]

第一に、生産即文化、生活即文化の観念を村民の一人一人に強く植えつけ、日常生活の身近かに文化を考え、いわゆる移す文化から創る文化への原動力として公民館を郷土の土深く建設しようとの念願に外ならない。

生産強調の第二の理由は、今日迄の社会教育の通弊とされている教育の生活遊離を矯めようとするものである。農民の実際生活に即し、興味と利害観念によつて、常に身辺に生起する必要感を充たして行く上には、生産ほど農民の胸にぴつたりするものはない。

第三に、本村の生産そのものを実質的に強化拡充して、その経済生活を安定し、物的、精神的に餘猶ある生活の基礎を與えることが最も緊急事なのである。そしてこれは、全村民の希求であり公民館に対する要望なのであるから、この声に應じた運営施設を行うことが、本村公民館の原則でなければならない。政治も、文化も、教育も藝術も、豊かな村にこそ本当に美しく咲き薫るのである。現在全國の公民館が、村財政窮乏の故に行き悩んでいることは、多言を要しないところである。

一口に生産といつても、本村公民館が採り上げる生産は、「新しい生産」であり、科学と協同とを根本條件として、個人農業の面よりも、全村計画性に強い線をいかそうとするものであつて、そこには、新しいヒューマニズムの感覚を持ち、農村民の大きな欠点を補つて協調と社会性の精神的要素を裏付けようとするものであつて、「新しい生産」の村の育成は同時に「新しい秩序の村」の建設に外ならない。

「生産公民館」の実践を通して林がめざしたことは、①農村の貧困の原因と結果を調べて合理化・科学化に努めること、②農業経営や家計について家族が話し合うこと、③牛乳や鶏卵を家庭でも消費して粗食による病弱を改善して医療費を抑えること、④酪農・養鶏・果樹・タバコの導入で労働力の年間配分を工夫して次三男対策にもすること、⑤労働・生活時間の計画化で女性の余暇時間を生み出して母体の健康、教養、子どもの教育、社会的活動に振り向けること、⑥農村に残っている因襲・虚礼・無駄・間違った人間関係を改めて気持ちよく効率的に生活することだったのである。[63]

また、林は指導者が教え込むのではなく「問題の調査発見から、課題の決定、グループや集団学習の組織・運営などを、できるだけ青年・婦人自身の手で進め、その事自体への能力を含めて身につけて貰うように努めた」と述べている。その中で、公民館は場所を提供し、行き詰まった時には相談に応じ、話し合いや資料を提供し、広報や展示を行うことが役割であると述べている。このことは、「主体と客体とが同時に、村民であると言う近代相互教育の本質にできるだけ近づこう」とするあらわれであると述べられている。[64]

住民が自ら学ぶ主体になる調査研究活動をすすめ、地域の中で軋轢を生むことも知りながらそれを続けた林にとって、公民館が官僚的な文化統制につながることは最も避けるべきことであった。そのことにかかわって林は、鈴木健次郎が公民館活動は時代感覚に裏づけられたものでなければならず、その点では戦前の社会教育を反省して、「下からの要求を組織化していく」ことが大切であること、そして社会教育は「地域の必要を簡単に解決するプログラムだといえないことはない」としながらも、郷土を「方法原理」にするのではなく、「目的原理」にすることが大切であると主張していたことを述懐し、それを自らの信念にしてきたと語っている。[65]

全国公民館連合会の事務局長だった岡本正平は、鈴木が林を評価したのは、三〇年近く郷里を離れ、戦後日本に引揚げてきたことから、地域の課題がよくわかり、それを改善したいという情熱があったからではないかと述べている。[66] また、林自身も当時の状況を海外からの引揚者や広く世間を見てきた人が帰郷して公民館で職を得ることも多かったことを指摘している。そして、「農山漁村のマンネリズム」を批判的に見て、「町村理事者と、一戦交えかねない」ような「斗志型」「革新型」の職員は、「独善的なエリート意識」に走って摩擦を生じさせることもあったが、時代の転換期の中で、次第に調和し、清新な姿勢と相まって、青年や女性から信頼を得ていったと述べている。[67]

このように林は、旧態依然とした地域の体質や公民館によって官僚的な文化統制が行われる可能性を意識しながら、住民が調査研究をすることで学習の主体になることをめざした。それは海外から引揚げてきたために、地域課題がよくわかり、それを何とかしたいという情熱に支えられたものであった。しかし、そのような強い思いで住民と接したために、町村合併もあって林が水縄村公民館から離れると急速に活動が衰退した。そのようなことから、林の実践は彼の支持層に対する指導的側面が強かったという評価もなされている。[68] ここには、住民が主体的になることを求めるあまり、それを指導的に行い、その結果、住民に主体性が定着しないという矛盾をどのように克服するかという課題がある。

高度経済成長の中での地域課題と公民館

一九五〇年代後半からはじまる高度経済成長は、工業の発展を梃子にしたもので、若年労働力を農山村から都市に移動させた。そのために、農山村では若い世代が地域から離れ、それを埋めるように農業機械が普及した。また、大規模な開発をすすめるために、自治体合併がすすめられ、さらに公害が発生することにもなった。

このような中で、生活問題に切り込む学習を公民館が支援するようになる。公害学習を通して女性が権利意識をもつようになり、話し合いと情報提供によって住民の自治意識が高まる実践が展開された。また、公民館長の更迭や社会教育主事の配置転換への闘いに端を発して、自治体闘争や村政民主化につながる運動が展開された。さらに人権意識の高まりの中で同和教育への実践も生まれた。[69] そして、一九六三年の「社会教育をすべての市民に―枚方市における社会教育の今後のあり方―」（枚方テーゼ）や六五年の「公民館主事の性格と役割」（下伊那テーゼ）、七四年の「新しい公民館像をめざして」（三多摩テーゼ）などが発表されたことにみられるように、自治体の社会教育職員が集団的に社会教育のあり方を検討するようになった。

たとえば、下伊那テーゼを生み出した長野県飯田・下伊那主事会では、一九五九年から『月刊社会教育』を使った学習会をはじめ、六〇年からは有志で課題を決めた学習会が行われるようになった。また、公民館主事と青年・婦人の意見交換がなされ、「実際生活を高めるためのよりどころ」として学習や運動をすすめることが公民館に期待され、公民館主事からは、専任化や勤務時間内の研修、部員の報酬の改善、施設の改善、教育委員会の理解の必要が訴えられた。さらに、「婦人学習の基礎理論」が主事会で検討され、学級数を増やすために文部省の婦人教育施策の活用をすすめるとともにサークルも婦人学級も大切にすること、学習目的を知識や技術を身につける実践ではなく「学習とは自らの生活を変えて行く力を培うことである」と考えること、講師中心の講義形式を減らし女性自らが学習をすすめられるようにすること、問題意識の明確化のために本音を出せるように主事や助言者自身も自分の課題も出すことや共通した要望を探り当てることが課題とされた[70]。

一般的には、下伊那テーゼは社会教育職員論であるととらえられているが、その前提に、社会教育は住民が地域課題に向き合う中で展開されるものであるという理解があったことを忘れてはならない。重要なことは、このような社会教育の本質に立って、一つに、職員自身が自分の課題に向き合うことが必要であり、そのために自治体労働運動が不可欠であると自覚されていることである。そして二つに、系統的な学習であれ、話し合い学習であれ、それが職員による引き回しにならないように、職員が教育学を学ぶ必要があると主張されていることである[71]。

高度経済成長による地域と生活の変化に対して、住民がその本質を見抜いて主体的に課題に取り組むことをめざす動きに対して、一九五九年の社会教育法改正による学習の統制への動きや、七一年の社会教育審議会答申のような変化に対応することを求める議論もあった。このような住民の自己教育運動と社会教育政策の新たな緊張関係が自覚される中で、新しい社会教育実践が地域的に広がり、公害問題のような切実な地域問題に関する学習や障害者の生存と学習にかかわる実践、地域の教育力の創造にかかわる実践が展開された。そしてこのような実践を生み出す公的な社会教育の条件整備をめざす住民運動と、それに連動する職員集団の運動が盛んになり、自己教育運動と公的な社会教育の結合がはかられるようになっていった。[72]

松川町における女性の学習と健康学習

一九六二年に長野県松川町に着任した松下拡は、生活綴方に取り組んだ教師としての経験と信濃生産大学に影響を受けながら、主体的な学習のあり方を実践的に探求した。[73]

松下は、①自分のおかれている現実と問題の把握、②現実の生活を合理的に改善する生活技術の獲得、③学習権にめざめ自主的に学習する力の獲得、という点から女性の学習に期待した。そのために、一九六二年から六三年には、社会の変化に不安を感じていることや自分の生活を見つめることを学習の基本に据えることで、これまで抱いていた学習概念を転換することに力が注がれた。このような学習観にふれた女性たちは、既存の婦人会を改革するのか、新しい組織をつくるのかという議論を行い、その結果、婦人会の末端の各組織で自由な活動を盛り上げていくことになった。[74]

そのような学習が定着してくる中で、一九六四年~六五年には、農業の問題を軸にしながらも、健康や教育、生活の問題にも話がおよび、それらが相互に関連していることから、公民館が「学習を系統的に深める土台づくり」に取り組むことになった。そのために婦人学級では、女性が長い歴史の中でどのように「求める意識」を形成してきたのかを学ぶために、午前に「婦人の歴史」を学び、午後は「時事問題」を学習することになった。「婦人の歴史」では、二年間一七回にわたって、近代以前の女性像から近代、戦後まで、憲法や労働、戦争などのトピックスも交えた学習が行われ、「時事問題」では、憲法やオリンピック、青少年問題、教育改革、ベトナム戦争、農業基本法体制、日韓条約、安保条約が取り上げられた。

また、自分の生活と結びつけて自由に話すことができる学習の楽しさとそのすすめ方が広がり、地域で学習グループが生まれていった。そして、学習の中で取り上げられる課題を、地域ぐるみで総合的に考えるために、公民館研究集会や婦人集会が開催されることになった。一九六五年の第一回婦人集会では、①主婦農業の問題（機械化、跡継ぎ、農休日、こづかい、共同作業、健康、家事の分担）、②主婦と家計の問題（医療費、内職、労働賃金、共同炊事、物価、嫁姑と家計）、③幼児問題（母子センター建設、乳児の養育、年寄りと子ども、遊び場、しつけ）、④青少年問題（反抗期の子ども、家庭のしつけ、非行と健全育成の組織）、⑤家族の人間関係（夫婦単位、財布、嫁姑関係、親の子離れ、兼業農家の嫁の苦労）が分科会で取り上げられ、全体討議で、①母子センターの早期建設要求と健康センター要求を合わせて行うこと、②乳幼児三か月検診実施を要求することが確認された(75)。

女性を中心とした自主的な組織活動と公民館の研究集会、公民館主催の学級講座が広がり、生活を見つめ語り合う学習に楽しさを見出した人たちは、自分の生活を書くことに取り組み、一九六六年以降、生活記録活動が盛んになる。また、郷土史研究や親子劇場などの文化活動なども生まれ、そこでの話し合いの中から健康問題が浮かび上がってくる(76)。

松下はこのように地域課題を女性が主体的に考え行動する実践をつくっていったが、自ら課題も指摘している。その一つは、学習によって理解はしても鋭い指摘をすると実践から遊離してしまうことであり、二つは、読書や生活記録には熱心でも自分たちで調査を行うことが少なく受動的になりかねないということである。そして三つに、公民館主事の問題提起や資料提供が依存的な学習姿勢を生み出しかねないことがあり、四つに、リーダーの個人的な力量によってグループ活動が規定されることである。さらに五つに、学習に参加しない人との間に意識のひらきができることや、六つに、学習のために組織があるというのではなく組織があるので学習するということになりがちなことが課題とされている。しかし、このような課題をかかえながらも、一つに、視野を広げて自分たちで解決できる課題を見つけて行動する力を育んでいること、二つに、行政や関係機関でなければ解決できない問題についてはそのことに絞って強く要求するとともにそのなりゆきを見守り続けること、三つに、不明確な問題は持ち帰ってさらに検討することによって、住民の自治能力が形成されてきていると評価している。[77]

このような学習が展開される中で、健康学習の取り組みも広がり、それらを集約する場として、一九七六年から「健康を考える集会」が開催された。第一回の集会では、生活時間の実態（堤原考える会）、婦人の貧血実験（上大島婦人会・保健婦）、産後の健康実態（保健婦）、大袋かけ時の食事（堤原考える会）、洗剤使用の実態（青年学級）、洗剤使用の状況（婦人会）、河川汚濁の実態（青年学級）、農薬被害の実態（堤原・大南若妻会）、大袋かけ作業と健康（四Ｈクラブ）、国民医療費の実態（生活環境課）、ＳＳオペレーターの肝機能検査（果樹同志会）、上大島健康対策事業のまとめ（保健婦）という一二本の発表があったが、その数は年々増えていった。[78]

医療や保健は専門家の意見が絶対視され、住民は専門家から学んでそれを実行するという健康学習になりがちである。しかし、それでは住民が健康学習に主体的に取り組んでいるとはいえないとして、松下は次のように述べている。[79]

健康問題の学習は、この個人の主観的な意識にかかわって、その意識の変革に結びつくものとして位置づけられなければならない。（中略）

健康は個人の問題である、とはいっても、今日における健康破壊と、その不安定性を、急激な社会変貌とそれに対応しきれない状況としてとらえれば、健康問題は正に人間として今日を生きることの基盤となる共通課題として据え直さなければならない。

その課題をわがものとするためには、住民自らが個人の生活実態に即しながら健康を阻害している条件を鋭く見抜くようなことが重視され、そしてそれをのり越えようとする姿勢の中で、健康問題を私の問題として把握し、それを解決し得るような組織的、個人的な力量の形成が求められてくる。

健康問題にとりくむ実践とは、自分にかかわる健康問題を組織活動をとおして自らが発見し、それを組織の中で解決しようとする活動に他ならないが、教育的側面からこの実践をとらえると、自分をとりまく状況や現状把握の中で健康問題をどのようにとらえるか、そしてその問題を克服する力量をどのように身につけるか、そして健康保持への自覚をどう高めたらよいのかということを軸として、一人ひとりが実践の主体となり、その目的を達するために組織的な活動をどのように展開するかということが追求されることなのである。

このように、行政や専門家が主導する健康づくりではなく、住民が主体となって健康問題に取り組むことをめざした学習の展開過程を松下は記録している。

まず、健康学習の端緒となった農薬問題と子どものむし歯の問題がいかに社会構造的な問題であるかを学び取っていく様子がいきいきと紹介され、そのベースになる健康学習の主体化について、社会の歪み、話し合い学習、住民自治能力、実態調査という視点から説明がなされている。また、このような学習論だけでなく、そのような学習を可能にする組織活動のリーダーや学習の機会となっている公民館や集会、自治体職員と住民の関係、地域に広がる多くの学習組織のことが整理されている。(80)また、健康学習や差別意識をなくす学習を紹介しながら、教育や健康、福祉に関する集会や、公民館と分館活動など、地域に広がる学習の構造化も論じられている。(81)さらには、健康や母親、福祉の実態把握を中心にした学習が紹介され、住民組織の自主的な活動が重要であるとともにそれにかかわる専門職集団の学習のあり方が論じられている。(82) 下伊那テーゼを生み出した主事集団の一人として、教育の専門性をもちながらも、住民と共感できる労働者であることを自らに課し、ともに活動した保健師とそのことを共有しながら実践を展開したのである。(83)

高齢社会と福祉のまちづくり

一九七三年のオイルショック以降、日本社会は低成長の時代に入るが、再び経済を活気づけるために引き続き大きな公共投資が行われた。そのために、歳入に見合わない歳出を補填するために赤字国債が発行された。このようにして七〇年代に累積された財政赤字を解消するために、八〇年代に入ると、第二次臨時行政調査会が設置され、行政改革が行われた。そこでは、「大きな政府」をめざすことから「小さな政府」をめざすことに方向が転換され、第三セクターの設置や民間委託、受益者負担などの施策がとられるようになった。そして、八五年には自治省次官通達「地方行革大綱」が発表され、多くの自治体が行政改革の路線にもとづいた自治体経営を余儀なくされることになった。(84)

また、一九八七年に第四次全国総合開発計画（四全総）が策定され、東京一極集中を是正して多極分散型社会をめざして活力のある地域がめざされた。しかしそれは行政改革が進行する中で、民間活力の導入を強く後押しするものであり、総合保養地域整備法（リゾート法）による地域の開発計画はその典型となった。このことと並行して、臨時教育審議会が設置され、その第二次答申で「生涯学習体系への移行」が謳われた。そこでは、生涯にわたる職業能力の開発とそれにつながる学校教育の改革方向が示されるとともに、余暇時間の増大と高齢社会への対応も考えられた。このような生涯学習施策は、行政改革や四全総とも重なって、社会教育に職員の非正規化や施設の委託をもたらした。(85)

また、七〇年代後半から八〇年代は、高齢社会への対応も重要であった。急速な高齢化によって逼迫する医療や福祉、社会保障の制度を維持することが求められ、福祉国家をめざすことから福祉社会をめざすことに転換されるとともに、施設に入所する福祉から在宅生活を支える地域福祉に軸足を移すことになった。一九七九年に全国社会福祉協議会が「在宅福祉サービスの戦略」を発表して、住民のボランティア活動や近隣の支え合いの組織化を訴え、(86)理論的には社会福祉経営論が提起され、「行政型供給システム」「認可型供給システム」「市場型公共システム」に加えて、「参加型供給システム」もサービス提供の主体と考えられるようになった。(87)

このように住民参加で地域福祉がすすめられるためには、福祉教育によって住民の福祉意識を高めることが求められた。そこでは、社会福祉に関する情報を提供して住民の関心と理解を深め、地域福祉計画の策定に参加して政策立案能力を高めることが提起された。また、社会福祉施設運営への参加や計画的な福祉教育の実施、福祉活動への参加による体験化、困難をかかえた当事者の組織化が課題であると指摘された。(88)

松本市における公民館と地区福祉ひろば

長野県松本市は一九六〇年代には、合併した旧自治体の公民館を分館から独立館にするなど住民の社会教育への期待が高かったものの、施設や設備は貧弱で、その改善を求めて主事会が結成された。しかし、七一年からの計画である松本市第一次基本計画で、公民館を統廃合してコミュニティセンターを設置することが提起され、その構想の是非や公民館の意義を検討するために、七四年に公民館研究制度検討委員会が設置された。広域のコミュニティセンターが必要なのか、身近な公民館が必要なのかという論争はおよそ一〇年におよぶが、その間に公民館の活動が住民から支持されたこともあり、八一年の松本市第三次基本計画には、公民館「二二館構想」が盛り込まれた。(89)

このような公民館を求める運動の中心にいた手塚英男は、市の方向を転換できたのは、公民館主事の専任化を強く求め、公民館実態を白書にまとめたことであり、その背景に、市の職員労働組合で公民館の改善について方針化し、公民館の実態を明らかにして住民とともに運動し、社会教育行政も公民館研究制度検討委員会や公民館運営審議会、社会教育委員の公正な判断を仰いだことがあると述べている(90)。そして、公民館の発展を求める運動には、単なる親睦団体ではない研究と活動を目的とした主事会があり、公民館のあり方を改善する職員参加のルートができるとともに、公民館の実態を伝える機能をもち、社会教育にかかわる住民とつながり、労働組合執行委員を出して変則勤務職場職員とも連携し、それらの力を結集して自治研集会に取り組むといった「法則性のようなもの」があると指摘している(91)。

手塚は一九七九年に開館した「あがたの森文化会館」の館長として五年間勤務した。市民が憩う公園の中にある歴史的な建物を活用した学習・文化・歴史の総合施設での経験を経て、社会教育が地域課題を積極的に取り上げ、福祉やボランティア活動とも連携し、主体性が育まれる文化活動を推進し、図書館と公民館の連携で深い学びをつくることができると指摘している(92)。そして、①住民、②学習・文化・スポーツ要求、③発達と創造、④学ぶ権利と自由、⑤万人の参加、⑥公共性・公的責任、⑦教育委員会の役割、⑧条件整備の基本（シビルミニマム）、⑨「もの」（施設等）の整備、⑩「かね」（事業予算等）の整備、⑪「ひと」（職員）の整備、⑫学習・文化活動の三層構造、⑬住民参加、⑭国民文化、⑮住民活力、という公民館づくりに関する一五の原則を示し、これらの総合的な力が「地域の内側から新しいまちづくりの展望を拓く原動力となる」ととらえ、「住民の学習・文化・スポーツ活動とそれを支える自治体の社会教育・文化・スポーツ行政は、もうひとつのまちづくりである」と主張している(93)。

手塚は、社会教育が福祉やボランティア活動ともつながることの重要性を指摘し、それは「もうひとつのまちづくり」であると考えたが、同時に、それを行政的に取り込む地域戦略の存在も十分意識している。そのために、ボランティア活動については、日常の暮らしのなかで無理なく自発的に参加できるように身近な場所に連絡組織やたまり場を設置すること、行政の下請け活動にならないように行政の行うべきことを明確にしてボランティアだからこそできることと連携させること、「参加型」「（地域づくり）運動型」のボランティアは「とりくみつつ学び、学びつつ活動する」ことが重要であると指摘している。そしてボランティア学習の課題として、①国民が幾多の犠牲をはらって手に入れた国民の権利についての学習、②行政改革下での高齢者問題の根源を問う政治や制度についての学習、③一番弱い課題や人に焦点を当てた地域問題についての学習、④人びとが幸せに生きるための基礎である平和についての学習をあげている。そのうえで学習活動とボランティア活動にとって住民と専門家と職員の協力が必要であることを次のように説明している。(94)

> 身近な地域での、住民の学習・文化・スポーツ活動と福祉・ボランティア学習とは、下から、住民の協同と連帯の力によって、福祉と文化の地域づくり運動をすすめる車の両輪である。
>
> 　この活動は、どちらも他から要請されてではなく、くらしの課題を解決し自分たちのねがいを実現するために、自発的にとりくむ活動である。
>
> 　住民の自発的な活動を支えるために、身近な地域に、かたや公民館（本館）、図書館分館、体育館、運動広場など社会教育（体育）施設、かたや児童館、老人施設、地区社協・ボランティア事務局など福祉・ボランティア施設（ともに、基本的コミュニティに設置される地域分散施設）を整備し、住民の自由な活用に提供することは行政の責務である。
>
> 　そして、これらの施設を通じて住民のくらしと活動に関わる自治体職員―公民館主事、図書館司書、ケースワーカー、ホームヘルパー、保健婦など地域担当の専門職員は、同時に、地域づくり職員（コミュニティワーカー）と位置

づけることができる。

また、地域の医師、看護婦、教師、保母、民生委員、児童委員、さまざまな技師・技能・知識の持ち主の経験は地域の専門家といえる。

これらの地域づくり職員や地域に生きる専門家が、それぞれの立場、力量を生かして、ひろく住民と結ばれあい、地域のネットワークづくりに参加するとき、住民の集いあい、高め育ちあい、助けあい、実践し連帯しあう活動―学習・文化・スポーツ活動と福祉・ボランティア活動は、また新たな展望を拓くにちがいない。

このように住民自身が考え活動するボランティア活動を公民館が支援するということを明確にしたうえで、手塚は「長野県老後をしあわせにする会」と共同で一九八八年に高齢者自身による「高齢者白書」を発行し[95]、九〇年からは高齢者が自分史を書くことの支援をはじめる[96]。また、講座では福祉や介護、老いや死を直視しながらも広い視点から高齢者の学習を組織している[97]。このような実践を展開しながら、その拠点となっている公民館と図書館と勤労青少年ホームからなる複合施設である「なんなんひろば」での実践から、「九〇年代のキーワードは『学習』と『福祉』――『なんなんひろば』はその両面をそなえた新しい社会教育施設の生きる道を拓いているのかもしれない」と述べている[98]。

手塚は主事会での学習と住民との共同によって公民館を守り発展させ、さらには高齢化問題の社会的背景を学ぶ学習を組織し、行政的に取り込まれない住民主体のボランティア活動のあり方を実践的に探究した。このように公民館づくりを福祉課題と結びつける取り組みを背景にもちながら、市長の施政方針ともかかわって生まれたのが「地区福祉ひろば」である[99]。住民の学習を基盤に地域の福祉をすすめることについて住民の理解を広めることは難しかったものの[100]、そこから、職員が住民の実態をつかむ自治研活動を重視し、そこで「市民が主役、行政が支えとなって、職員と住民が自治についてともに考え行動していくこと」がめざされた(101)。また、学び合いと助け合いで、安心して暮らせる地域にするために、町会、町内公民館、地区社協、学校、農協、民生児童委員、健康づくり推進員、ボランティア、商工団体などからなる「緩やかな協議体」を地区ごとにつくるとともに、支所・出張所、公民館、福祉ひろばが所管はそのままで一体となって課題に取り組む地域づくりセンターをつくり、地区に共通してみられる課題については、本庁で関連各部局を集めて課題解決支援チームがつくられている(102)。

社会的排除の克服と公民館

経済のグローバル化による競争の激化とその中での雇用システムの改革によって、日本では、一九八〇年代半ばからジニ係数（所得の不平等度）が高まり、九〇年代半ばには格差社会になっていることが広く知られるようになった。

このような状況の中で、生活保護の申請件数も増加したが、申請に至る前に課題を解決することをめざして、生活困窮者自立支援制度が創設された。そこでは、生活困窮者の自立を促し尊厳を確保するために、相談支援や住居確保、就労準備支援、一時生活支援、学習支援など包括的な支援の体制がつくられることになったが、同時に、これらを通じた地域づくりがめざされている。その中でも、学習支援事業はかかわった人たちの意識が変わるという意味で重要である。スタッフとしてかかわった大学生や住民が、学習や教育は本来どうあるべきかを考え、会場を提供する福祉施設は地域貢献を行うことの意義に気づいていく(103)。

また、ノーマライゼーションの実現と急激な高齢化に対応するために、一九九〇年の社会福祉関連八法の改正から社会福祉基礎構造改革につながる動きがある。二〇〇〇年には社会福祉事業法が法律名も含めて改正されて社会福祉法になるが、そこでは「地域福祉の推進」（第四条）が基本理念の一つになり、行政や事業所だけでなく住民も地域福祉の推進に努めることと、困難をかかえた人が社会に参加することの必要が訴えられた。施設入所で社会から隔絶された福祉ではなく在宅生活を続けるために地域福祉の施策をすすめ、さらには一人ひとりの自己実現にまで視野を広げた取り組みが求められるようになる。(104)

困難をかかえた人の社会参加を重視する議論は国際的にも盛んになり、世界保健機関（ＷＨＯ）は「障害」の概念を「医療モデル」から「医療・社会統合モデル」「人間と環境の相互作用モデル」へと力点を移動させた。障害を医学的な治療の対象としてとらえることから、環境の不十分さによる参加や活躍の阻害ととらえることに重点が移ることによって、生活の維持、移動、情報交換、社会的関係、家庭生活と他者に対する援助、教育、仕事と雇用、経済生活、地域生活に参加できていないことを改善することが提起されている。(105)そのような中で、二〇〇六年に「障害者の権利に関する条約」が国連で採択され、日本でもその批准をめざして、二〇一三年に「障害を理由とする差別の解消の推進に関する法律」（障害者差別解消法）が制定された。

貧困や高齢化、障害を考える鍵的な課題として、社会参加や地域づくりが注目される中で、そのことに取り組むＮＰＯが生まれてくる。ＮＰＯは行政サービスと商品サービスの間で置き去りになっている社会的な課題に対して、志をもって取り組み、そのことを通して専門的な力量も高めてきている。今日、困難をかかえる人たちの課題を解決するうえで、ＮＰＯと行政が連携することが必要になってきている。公民館の公共性が問われる中で、社会的排除の克服に取り組むことが必要であるとの合意のもとで、障害や若者支援、ひとり親家庭、性的マイノリティなどの課題を取り上げる動きがみられるようになっている。(106)実践を繰り広げているＮＰＯを講師に招き、そのことに公民館職員の働きかけが加わって、困難をかかえた人を支えるさまざまな活動が地域の中で立ち上がっている。(107)

このように地域の力で社会的排除を克服する方向性が示されているが、一方で、自治体がそれに対応することが難しくなってきている。一九九〇年代から地方分権の施策がすすめられ、一九九九年の地方分権一括法で、法的には地方自治体と中央政府は対等な関係になった。しかし、そのために自治体は財政的には厳しくなり、そのような中で自治体合併が二〇〇〇年代にすすめられた。中央政府が主導する地方分権の流れの中で、自治体の広域化がすすみ、地域課題や住民の暮らしにきめ細かく対応することが難しくなってきている。そのような中で、住民と行政がパートナーシップを結ぶために、住民と日々接している職員が判断することの大切さが指摘され、そのための条件になる住民と職員の学び合いとネットワーク、そして人が育つ空間である社会教育施設の重要性が指摘されている。(108)

今日、自治体改革はさらに展開される方向にあり、二〇一八年に「自治体戦略二〇四〇構想研究会」が出した第二次報告書では、デジタル変革のもとでサービスの標準化と職員の削減を行い、直接のサービス提供は企業やＮＰＯ、地域自治組織に任せ、行政は委託と管理だけを行うことがめざされている。(109)このような自治体のあり方は、住民をサービスの利用者としてしか位置づけず、住民が集まって公論を形成して公共的な事業を求めてきた歴史に反するものである。住民と公務労働者のつながりの中から、公共性を強化する議論と実践を展開していくことが求められている。

所沢市における地域リハビリ交流会

埼玉県所沢市では、公民館職員と保健師が、地域に配属された公務労働者として情報交換と学習を行う場をつくり、住民の生活実態に即して実践を展開することをめざしていた。その場で一九九七年に、保健師から、中途障害を負った人は引きこもりから寝たきりにつながることが多いことから、公民館で地域リハビリテーションのための集いが行えないかとの提案がなされた。それは中途障害の人が身体機能を回復させるだけではなく、地域住民として日常生活を取り戻す「意欲のリハビリ」であり、公民館サークルなどとの出会いによって、地域に共生の輪を広げようとするものであった(110)。

保健師との情報交換や学習の場を公民館の側から支えていた細山俊男は、これは公務労働の新たなかたちを生み出し、公民館の可能性を広げるものになると考え、地区の公民館に配属されている職員とともに開設の準備に取り組んだ。その結果、地域リハビリ交流会が、一九九九年から四つの公民館でそれぞれ月一回取り組まれることになった。

午前中二時間程度の活動の中では、歌、リハビリ体操、季節の行事、お茶を飲みながらの話し合いが行われ、リハビリ体操のために参加してきた人の多くが、話し合いが一番楽しいというようになる。また、月一回の活動ではあっても、その日があることで一か月の生活にリズムが生まれ、外出することの適度な緊張感で参加者はいきいきした表情になっていく。身体機能の回復ばかりに関心が向かっていた人たちが、次第に不自由になった体と付き合いながら、今後の人生をつくろうという気持ちになっていく。このことを、保健師はリハビリ交流会が「自己教育の場」「自己表現力の再生の場」「地域の関係をつくる学びの場」になっているととらえ(111)、理学療法士は公民館と連携することで、障害を広い視野でとらえることが可能になると述べている(112)。

このような事業を行っていく中で、公民館職員は近況報告をしあう時間が参加者にとってかけがえのないものであることに気づき、「並リハ通信」で地域のつながりができる可能性に期待を寄せるようになっていく(113)。また、見えにくくなっている地域の実情や住民の生活課題を公民館だけで把握することが難しく、他の職員と連携することには大きな意義があると述べられている(114)。

この事業の中で、保健師や理学療法士が行うことは、個々のケースへのかかわりや新しいケースの掘り起こし、健康チェック、健康アドバイス、リハビリ体操、ゲーム指導などであり、公民館職員が行うことは、ボランティア・スタッフの育成や連絡調整、サークルや住民への協力依頼、地域に向けての広報紙の編集・発行などである。このように異なる役割をもつ職員が地域で連携することの意義を、細山は次のように述べている。[115]

リハビリ交流会は当初、開催は困難だと思われていた。その困難さは、公民館職員にとっては、参加者が突然倒れたりしたらどうしようという事故への不安であった。しかし保健師たちが心配していたことは、メンバーの文化的な要求にどこまで応えられるかということにあった。たとえばピアノを弾いたり、絵を教えてくれたりしてくれる協力者のつてがないのである。実際は、こうした不安や困難はお互いに話し合うことで見事に解決していった。なぜなら、健康問題は保健師の専門であり、文化活動は公民館職員の専門分野であったからである。メンバーの健康状態はいつでも保健師がチェックしていた。さまざまな文化活動を教えてくれる人たちは公民館にたくさんいた。こうしてお互いの困難さが逆にお互いの得意分野であったことを知った時に、リハビリ交流会の開催は決まった。（中略）

それから、地区診断で一番効果的な方法は何かというと、保健師は地域の公民館に出かけて行って公民館職員から話を聞くことだというのには驚いた。公民館職員は地域の人たちのことをよく知っていて、あの人は地域でどんな活動をしているとか、○○の役員になっているとか、地域の人たちのそれこそ健康状態以外の日常をよく知っているというのであった。確かに公民館職員は地域の人たちとたくさん知り合っていて、たくさん会話をしている。そこから何かを学んでいて、知らないところで保健師の協力者になっていた。

中途障害を負った人たちは社会に参加することを禁じられているわけではないが、経済的に貢献することが社会的にもまた個人的にも規範になっているために引きこもりがちである。今日、ノーマライゼーションの理念や当事者運動によって、困難をかかえた人が社会参加することが広がっている一方で、貧困や格差の広がりの中で社会的に排除される人が増えている。その意味では、地域リハビリ交流会で明らかになった公務労働の連携の可能性を広げていくことが求められている。

その点で、細山は、公民館で活動するサークルにも声をかけながら、障害のある人とボランティアと職員が同じ目線で学び合う関係をつくり出した経験が、学校週五日制にともなう地域の取り組みやＩＴ市民講師の発掘といった実践につながっているという。[116] また保健師はその後、関連部署と連携しながら、介護者の健康問題やホームレスの健康調査などに取り組んでいった。[117] 自治体が広域化し、さらにはデジタル変革によって、住民の生活実態をリアルに把握することが難しくなる可能性がある中で、公民館を地域の拠点にして、人と人が出会い、そこで公務労働者も学ぶという仕組みをもっていることが自治体として必要なのではないだろうか。

4 〈共生と自治〉への社会教育実践の展開と教育的価値

社会教育実践の展開と指導者・職員

戦後改革期には、知識人が個別に地域で学習・文化活動を組織しはじめ、占領政策の転換が明確になる中で、統制的な学習が広がることを警戒するとともに、自分の生活を見つめながら地域の封建制を問題にする学習が取り組まれた。また、社会全体が貧しい状況の中で、公民館は地域の総合的な機関として、健康と生活を守ることや生産の再建に取り組むことが多かった。

このような青年教育や公民館にかかわった人の中には、有識者や引揚者が多かった。高学歴で社会への批判的な視点をもった三〇歳代後半から四〇歳代の有識者が青年活動を把握して、そこにある課題を、地域や社会とかかわらせながらも、青年の生き方の問題として問いかけた。また、公民館が引揚者を受け入れ、戦後の荒廃した地域の再建が取り組まれた。そこでは、切実な課題である生産活動が注目され、それとかかわらせて地域の文化や教育が検討されたが、それは行政や議会、地縁組織と連なる諸団体との関係で難しい位置に立たされることにもなった。このような社会教育指導者は高い見識と情熱をもっていたという点では評価されるが、青年や住民が主体的になることを指導するという性格をもち、多分に啓蒙主義的なものであった。

高度経済成長期には、若年労働力として都市に流入した都市勤労青年の教育が課題となり、苦しい生活を語り合える仲間をつくり、社会科学的な知見とも結びつけて、自らの生き方を問う学習が展開されることになった。また、経済発展を優先する社会構造の中で、生活の歪みが人びとの健康にまでおよび、社会全体で健康をつくる学習が生み出された。

このような社会教育実践は、自治体の社会教育職員によって担われ、勤労青年学級や公民館での講座というかたちで取り組まれた。そこでは、戦後改革期のような有識者による指導的な実践ではなく、学習者の主体性と共同性を組織することが社会教育職員の役割であり、職員自身も働く大衆の一人として学習者と共感する必要があると考えられるようになった。それは啓蒙主義の払拭と住民の学習の公的保障という点で評価されるが、それにともなう難しさをもたらした。勤労青年学級では、雇用主から職業訓練を織り込んだものにしてほしいとの要望が自治体に出され、困難を分かち合い励まし活動することの必要を感じていた職員の思いとは異なる実践も手がけることになった。また、農村女性の学習においては、生活を見つめて問題を見つけることと系統的な学習が組み合わされたが、それを行政的な課題として追求することについては、合意を得ることの難しさに直面した。

公務労働であるからこその難しさが明確になる中で、職員は集団的に社会教育のあり方を追求することに取り組み、住民運動との連携の必要を自覚し、そこに社会教育研究者もかかわるようになっていく。そのような中から社会教育をめぐる矛盾を自覚したうえで「権利としての社会教育」が実践的にめざされていくことになった。低成長・経済大国期には、進学率が上昇したために勤労青年学級の必要性が低くなっていくが、それに代わって、養護学校高等部を卒業した障害のある青年のための社会教育が求められるようになり、障害者青年学級が開設された。また、一九七〇年代にはコミュニティ政策が打ち出され、八〇年代になると高齢化の急速な進展が現実のものになり地域福祉の推進がめざされるようになる中で、住民の学習と活動が地域づくりや高齢者の地域支援とどのように結びつくのかが課題となった。

この時期の社会教育実践は、高度経済成長期を引き継いで公務労働によって担われるが、障害のある人や高齢者など困難をかかえた人の学習をすすめていくことから、ボランティアやスタッフとして住民がかかわることも求められた。このようなことと社会教育施設運営への住民参加が盛んになる中で、職員と住民が協働して社会教育実践をつくっていくことになった。また、行政改革によって社会教育施設の運営のあり方が検討されるようになると、社会教育職員が中心となって住民の学習にかかわる職員と協議し、住民と積極的に社会教育のあり方を議論するようになった。

格差拡大期には、経済のグローバル化の中で、それまで以上に能力主義的な競争が厳しくなり、終身雇用の慣行が崩れ、非正規雇用も一般化していった。このような中で、生きづらさをかかえる青年への支援が課題となり、自分らしさの発見や人と自然との交流、新しい働き方と社会の模索が行われるようになり、青年の他にも困難をかかえた人を社会的に排除していることが直視されるようになった。そのような中で、当事者の交流によるエンパワーメントとともに、すべての人を包み込む社会の構築に向けて実践が展開されるようになっていく。

このような活動が求められる中で、公務労働によって社会教育実践が担われるということに変化があらわれる。若者支援の活動の多くはＮＰＯによって担われ、その中で先駆的な考え方や取り組みが生まれている。また、若者支援も高齢者支援も地域の中での就労や社会参加が課題となり、地域の事業所や団体の役割が大きくなってくる。そのような中で、公務労働によって担われる社会教育労働は、ＮＰＯや事業所、団体が困難をかかえている人と一緒になって切りひらいている最先端の考えや取り組みに学び、それを地域・自治体の中で承認し広げることがこれまで以上に大きな課題となっている。

また、デジタル変革によって、困難をかかえた人が情報を入手しサービスを利用することが容易になるかもしれないが、人と直接会うことで課題を共有し励ましあうことができず、公論が形成されなくなる可能性もある。そのような中で、公務労働としての社会教育労働は、困難をかかえた人の学習から社会的包摂に必要な公論が形成される協同実践の一翼を担わなければならない。

社会教育実践における社会的課題と関係形成

戦後改革期には、青年集団の中で民主的で豊かな社会をめざしているにもかかわらず、それが実現していかないことが中心的な課題であり、そのために、地域の封建的性格を打ち破るとともに、自分の中の封建制を打ち破ることも課題とされた。また、農業の生産性を高めるとともに、健康や生活改善を追求することが、地域を改革することも含めて考えられた。このような学習は、有識者によって主体的になることを指導されるという啓蒙的な性格をもちながら、困難をかかえている青年や住民が社会的課題に取り組むことをめざすものであった。

この時期の社会教育実践が地域の封建制を中心に社会的課題に視点を据えたものだからといっても、それは青年や住民の関係形成を無視したわけではない。封建制と貧しさの中で同じ境遇にあり同じ思いをもっている青年や住民である関係が前提となっているのである。しかしそれは意識的に問われない前提だったために、参加しづらい人を除いて比較的同質な人間同士の関係形成だったとも考えられる。

高度経済成長期には、若年労働力を都市に集めることや農業基本法体制によって農村の生産と生活が切り捨てられる状況の中で社会教育実践が展開された。したがって、職員が力を入れた勤労青年学級では、自分の生活を見つめ、それを社会構造的な課題としてとらえ返していくことがめざされた。また、女性を中心とした健康や生活課題に関する学習でも、困難をもたらす根源を探り当てるために社会情勢について学び、課題に取り組む姿勢を学ぶために女性の歴史を学ぶ実践が行われた。

このように、この時期の社会教育実践は経済成長を優先する中で、問題を生み出している社会構造を見抜き、その中でどう生きるべきかを問う学習が展開されたが、そのためには豊かな人間関係が必要であると考えられていた。勤労青年学級では文章にした自分の生活や思いを発表し、それをめぐる話し合いを通して、共感できる仲間をつくることがめざされていた。また、農村における女性を中心とした学習では、職員が課題を提示しすぎると受け身の学習になり住民同士のつながりができないことや、学習を通して学んだことを主張すると地域の人間関係が悪くなることに苦慮している。このように、社会的課題を科学的に理解して活動につなげることと人間関係をつくることの両面が必要であることが理解され、その関係をめぐって社会教育職員の葛藤があったのである。

低成長・経済大国期には、経済的な豊かさが達成された中で社会的に排除されている人の参加を求める動きが盛んになり、地域のつながりを求めるコミュニティ政策と高齢化の進展に対して、ボランティア活動への関心が高まった。このようなことから、障害のある人や高齢者への社会教育実践が展開され、そこでは職員だけが運営に当たるのではなく、住民がスタッフやボランティアとして運営に当たるとともに、そこがスタッフやボランティアの学習の場になった。

このような中で、障害のある人とない人、高齢の人と若い人というように、立場の違う人が交流し、共感することができる関係形成への関心が高まっていった。しかし、障害のある人の学びという点では、日常生活の中での困難や差別、将来の夢が実現できないということがあり、そのことに気づき、表現活動に練り上げ、仲間の中で共有していくことも重要であった。また、高齢者の学びという点では、福祉や保健をはじめ高齢者の生活の不安について取り上げることも必要であった。そして、ボランティア活動については、住民参加がすすみ自治の力が高まるという点で重要であることを理解しながらも、それが行政改革の中で公的責任を放棄することになりかねないことも自覚されていた。このように、社会教育実践に立場の違う人同士の関係形成という視点が持ち込まれたが、社会的に排除される人には深刻な社会的課題があったことを忘れてはならない。また、住民同士の関係がつくられることで、地域・自治体が公的責任を住民に転嫁しかねない状況があったことから、社会的課題という視点をもって住民参加をとらえていく必要がある。

格差拡大期には、障害のある人や高齢者だけでなく、雇用のあり方が変わったことで貧困問題への関心が高まり、それは経済的な問題にとどまらず、引きこもりのような精神的な問題、病気の治療や検診を受けられない健康の問題、さらには子ども期からの意欲格差といった問題にも波及するようになった。このようなかたちで格差への注目がなされると、その他にも、性別、性的特徴、国籍、民族、疾病、さまざまな障害、不器用なコミュニケーションといったことに起因する差別への関心が高まるとともに、当事者運動が盛んになってきた。

このような多様なマイノリティの存在が見えるようになり、そこで当事者運動も展開されるようになると、立場の違う人同士の関係形成がより広範にすすむ一方で、自己責任論の台頭によって関係形成がすすまないという状況も生まれてくる。ある問題には共感的であってもある問題には批判的であるという現象が起きてくる中で、社会の規範として自分の中に差別的な意識がいつの間にか植えつけられているという問題として理解することが必要になっている。また、グローバルな経済循環を背景とした厳しい雇用の場に、困難をかかえた人を参入させることをめぐっても検討が必要である。そのようなことから、関係形成によって自信を回復しつつ、人が大切にされ持続可能な社会につながるディーセントワークをつくり上げていくことが必要である。このように社会規範や経済循環のあり方を考えることも含めて社会教育実践を考えると、社会的課題を視野に入れないで関係形成のみに注目するわけにはいかない。

社会教育実践における共生と自治の関係

戦後改革期には、青年が自分らしく生きることができないと感じ、女性が労働と生活において厳しい状況を強いられる原因として、社会全体の貧しさとともに地域の封建制があった。したがって、地域の中で認められていない青年や女性が状況を改善するために力を合わせて取り組むことが、地域社会に向かって行われなければならなかった。しかし、封建的な性格を残していた地域の中心的な勢力はそのような動きに対して否定的だった。そのような中で、社会教育実践を地域の方向性を考えたり、さまざまな機関・団体を連携させたりするという役割と考え、地域の政治や経済の根幹に直接かかわることを避けることで地域の中に漸進的に定着しようとした。

高度経済成長期には、都市に若年労働力として流入してきた青年が仲間との交流を通してともに主体的に生きることを学ぶ勤労青年学級が展開されたが、それは青年を雇用している地域の事業者からは歓迎されるものではなかった。また、農村の女性が自分たちの課題を社会の課題と結びつけるとともに、社会の変革をめざした女性の歴史を学ぶことも、地域の中で学習に参加しない女性との間で葛藤を生じることになった。そのような中で、勤労青年学級のメンバーが中心となって、地域に暮らす多くの青年が交流できる場をつくることに取り組み、農村の女性の学習では、地域の団体や公民館の活動を尊重したうえで、全村的な集会を企画していった。このように、ともに生きることができる社会をめざす取り組みは、地域・自治体とのかかわりを意識したが、経済成長政策がすすめられる中で十分には展開できなかった。

低成長・経済大国期には、障害のある人や高齢の人への社会教育実践が展開され、その活動に一般住民がスタッフやボランティアとしてかかわることが広がっていった。そして、スタッフやボランティアの多くは、恵まれた者が行う奉仕的な考えではなく、そこでの学びが人生を豊かにすると考えて活動に参加していった。このようにして、社会教育実践において、異なる立場の人がともに生きることを学ぶということが実現していった。そのようなかたちで、共生の地域づくりがはじまったが、それはまだ、社会福祉や社会教育の中で起きていることであり、経済活動を含む地域全体にかかわることとは切り離されたものであった。

格差拡大期には、障害のある人や高齢の人だけでなく、さまざまな人が社会から排除されていることに対して、社会教育実践が展開される。その中で、社会になじめない青年の支援にかかわって、働くことをどう考えるかが課題となってきた。障害のある人にかかわる人たちが福祉的就労を生み出してきたように、青年支援にかかわる人たちが地域の事業所に働きかけながら雇用の場をつくり出している。また、中途障害を負った人に公民館に参加する場をつくった後の課題として、地域のさまざまな場面に参加することがめざされている。このようなかたちで、社会福祉や社会教育の中だけではなく、雇用の場も含めて地域社会全体が多様な人を受け入れてともに生きることができるようになることが展望されている。

注

（１）笹川孝一「自己教育運動の復興と展開」藤田秀雄・大串隆吉編著『日本社会教育史』エイデル研究所、一九八四年。
（２）田所祐史「新教育制度の誕生と社会教育法の制定」大串隆吉・田所祐史『日本社会教育史』有信堂、二〇二一年。
（３）大串隆吉『日本社会教育史と生涯学習』エイデル研究所、一九九八年。
（４）須藤克三・島田武雄・松丸志摩三『村の社会教育』牧書店、一九五九年。

(5) 松丸志摩三『村づくり教室』中央公論社、一九五五年。
(6) 松丸志摩三『青年運動と村づくり』農山漁村文化協会、一九五六年。
(7) 須藤克三『農村青年の生き方』農山漁村文化協会、一九五八年。
(8) 同前。
(9) 大田尭『日本の農村と教育』国土社、一九五七年。
(10) 今井正敏「ＹＬＴＣ時代の青年団運動」戦後社会教育実践史刊行委員会編『戦後社会教育実践史 第1巻 占領と戦後社会教育の抬頭』民衆社、一九七四年。
(11) 前掲(3)。
(12) 宮原誠一編『青年の学習—勤労青年教育の基礎的研究—』国土社、一九六〇年。
(13) 小川利夫・村岡末広・長谷川真人・高橋正教編著『ぼくたちの一五歳—養護施設児童の高校進学問題—』ミネルヴァ書房、一九八三年。
(14) 小川利夫・高沢武司編著『集団就職—その追跡研究—』明治図書出版、一九六七年。
(15) 小川正美「三鷹市における戦後勤労青年教育の実践」東京都教育庁社会教育部『青年期教育と教育行政のあり方』一九七三年(『酒会教育』出版委員会『酒会教育—小川正美退職記念出版—』一九九三年)。
(16) 同前。
(17) 同前。
(18) 同前。
(19) 小川正美「青年学級・講座の計画・実践—東京・三鷹市のひとつの実践から—」千野陽一・野呂隆・酒匂一雄編著『現代社会教育実践講座 第2巻 現代社会教育実践の基礎』民衆社、一九七四年。
(20) 小川正美「青年学級の視点—地域自由大学の創造—」小川利夫編『住民の学習権と社会教育の自由』勁草書房、一九七六年。
(21) 同前。
(22) 小川利夫「義兄弟由来記—正美の還暦によせる—」前掲書(15)。

(23)　田中昌人『障害のある人と創る人間教育』大月書店、二〇〇三年。
(24)　金崎満・内藤良一「全員就学、その歩み・現状・課題」清水寛・戸山進・御子柴昭治編『全員就学と新たな教育の創造―障害児教育実践―』ぶどう社、一九七八年。
(25)　清水寛「発達保障運動の生成と全障研運動」田中昌人・清水寛編『発達保障の探究』全国障害者問題研究会出版部、一九八七年。
(26)　小林繁『障害をもつ人の学習権保障とノーマライゼーションの課題』れんが書房新社、二〇一〇年。
(27)　町田市教育委員会『まちだの社会教育―公民館事業を中心として―一九七四年度―』一九七五年。
(28)　兼松忠雄「君とこの街に生きる―障害をもつ青年が学ぶこと―」黒沢惟昭・森山沾一編『生涯学習時代の人権』明石書店、一九九五年。
(29)　大石洋子「町田市心身障害者青年学級について―開設の経過から―」社会教育推進全国協議会三多摩支部『三多摩の社会教育Ⅰ』一九七六年。
(30)　大石洋子「障害者青年学級―教育と福祉の接点で社会教育実践を考える―」東京都立多摩社会教育会館・障害者の社会教育保障を考えるセミナー『社会教育行政における障害者教育保障のあり方をさぐる』一九八七年。
(31)　大石洋子「障害者学級」前掲書（28）。
(32)　前掲（29）。
(33)　大石洋子「青年期自立にむかう若人らと―青年たちの展望はどこに―」全国障害者問題研究会『みんなのねがい』一九八二年八月。
(34)　町田市公民館『公民館のあゆみ―開館十周年記念誌―』一九九〇年。
(35)　前掲（31）。
(36)　大石洋子「青年の学習―正しい社会・労働観を育てる学級―」千野陽一・野呂隆・酒匂一雄編著『現代社会教育実践講座　第３巻　現代社会教育実践の創造』民衆社、一九七四年。
(37)　橘木俊詔『日本の経済格差―所得と資産から考える―』岩波書店、一九九八年。
(38)　阿部彩『子どもの貧困―日本の不公平を考える―』岩波書店、二〇〇八年。

(39) 田中治彦「若者の居場所とユースワーク」田中治彦・荻原建次郎編著『若者の居場所と参加―ユースワークが築く新たな社会―』東洋館出版社、二〇一二年。
(40) 生田周二『子ども・若者支援のパラダイムデザイン―〝第三の領域〟と専門性の構築に向けて―』かもがわ出版、二〇二一年。
(41) 青砥恭・さいたまユースサポートネット編『若者の貧困・居場所・セカンドチャンス』太郎次郎社エディタス、二〇一五年。
(42) 岩槻知也編著『社会的困難を生きる若者と学習支援―リテラシーを育む基礎教育の保障に向けて―』明石書店、二〇一六年。
(43) 佐藤洋作「若者を居場所から仕事の世界へ導く社会教育的支援アプローチ」日本社会教育学会編『子ども・若者支援と社会教育　日本の社会教育第六一集』東洋館出版社、二〇一七年。
(44) 佐藤洋作「地域における子ども支援から若者支援へ」竹内常一・佐藤洋作編著『教育と福祉の出会うところ―子ども・若者としあわせをひらく―』山吹書店、二〇一二年。
(45) 佐藤洋作『君は君のままでいい―一〇代との対話と共同―』ふきのとう書房、一九九八年。
(46) 佐藤洋作・カンパネルラ編集委員会編『もう一つの〈いろいろな〉働き方―若者たちの仕事探し・仕事起し―』ふきのとう書房、二〇〇二年。
(47) 文化学習協同ネットワーク編『コミュニティ・ベーカリー風のすみかにようこそ―ニートから仕事の世界へ―』ふきのとう書房、二〇〇五年。
(48) 佐藤洋作「〈不安〉を超えて〈働ける自分〉へ―ひきこもりの居場所から―」佐藤洋作・平塚眞樹編著『未来への学力と日本の教育5　ニート・フリーターと学力』明石書店、二〇〇五年。
(49) 高橋薫「地域との関係を編みなおし就労支援ネットワークへ」『月刊社会教育』二〇二一年九月。
(50) 若者支援全国連絡会編『「若者支援」のこれまでとこれから―協同で社会をつくる実践へ―』かもがわ出版、二〇一六年。
(51) 文部次官通牒「公民館の設置運営について」一九四六年（横山宏・小林文人編著『公民館史資料集成』エイデル研究所、一九八六年）。

（52）文部省社会教育局長・厚生省社会局長「公民館経営と生活保護法施行の保護施設との関連について」一九四六年（同前書）。
（53）寺中作雄・鈴木健次郎『優良公民館の実例にみる―公民館はどうあるべきか―』一九四八年（同前書）。
（54）「明るい町村はまず健康から―各地に見る衛生実態―」『公民館月報』第三号、一九四八年八月。
（55）公民館研究会編『優良公民館の実態　公民館運営双書４』全日本社会教育連合会、一九五二年。
（56）「農繁期と公民館」『公民館月報』第二二号、一九五〇年四月。
（57）「公民館をつかつて農繁期託児所を開こう」同前書。
（58）鈴木健次郎『公民館運営の理論と実際』一九五一年（『鈴木健次郎集１』秋田県青年会館、一九七四年）。
（59）林克馬「郷土の課題を全村民で―福岡県浮羽郡水縄村公民館―」『公民館月報』第二三号、一九五〇年五月。
（60）「全国優良公民館見学の手引」『公民館月報』第二五号、一九五〇年七月。
（61）林克馬『公民館の体験と構想』社会教育連合会、一九五〇年。
（62）同前。
（63）林克馬『わが公民館の歳月』林克馬著書出版期成会、一九六五年。
（64）同前。
（65）林克馬・内山正彦・水摩安正・貝原芳子・赤司勝・大和正己・小野隆雄・鎧水速太「座談・福岡の鈴木先生」『鈴木健次郎集３』秋田県青年会館、一九七六年。
（66）岡本正平・田口清克「鈴木健次郎と公民館」同前書。
（67）前掲（63）。
（68）小林文人「生産復興と公民館―福岡県水縄村公民館の実践―」前掲書（10）。
（69）戦後社会教育実践史刊行委員会編『戦後社会教育実践史　第３巻　開発政策に抗する社会教育』民衆社、一九七四年。
（70）長野県下伊那郡公民館活動史編纂委員会編『下伊那公民館活動史』一九七四年。
（71）島田修一「運動への参加が新たな実践を拓く力を生む（その２）―私の社会教育実践と研究活動のあゆみ（４）―」社会教育・生涯学習研究所『社会教育・生涯学習の研究』第二六号、二〇一四年。

(72) 小林文人「六〇年代から七〇年代へ―社会教育実践の動向―」「月刊社会教育」実践史刊行委員会編『70年代社会教育実践史Ⅰ　地域に根ざす社会教育実践』国土社、一九八〇年。
(73) 松下拡「私の社会教育実践への取組」現代生涯学習研究セミナー特別企画運営委員会『現代生涯学習研究セミナー特別企画　松下さんの社会教育実践をどう受け継ぐか　記録集』二〇二一年。
(74) 松下拡『住民の学習と公民館』勁草書房、一九八三年。
(75) 同前。
(76) 同前。
(77) 同前。
(78) 松川町健康を考える会『松川町健康白書　健康実態調査資料集Ⅳ（上巻）』一九九三年。
(79) 松下拡『健康問題と住民の組織活動―松川町における実践活動―』勁草書房、一九八一年。
(80) 同前。
(81) 前掲（74）。
(82) 松下拡『健康学習とその展開―保健婦活動における住民の学習への援助―』勁草書房、一九九〇年。
(83) 松下拡『保健婦の力量形成―集団でとりくむ保健婦自主学習の記録―』勁草書房、一九九五年。
(84) 小林繁「産業構造の転換と社会教育実践のあらたな展開」社会教育推進全国協議会編『現代日本の社会教育―社会教育運動の展開―』エイデル研究所、一九九九年。
(85) 同前。
(86) 全国社会福祉協議会『在宅福祉サービスの展開』全国社会福祉協議会、一九七九年。
(87) 三浦文夫『社会福祉政策研究―社会福祉経営論ノート―』全国社会福祉協議会、一九八五年。
(88) 大橋謙策『地域福祉の展開と福祉教育』全国社会福祉協議会、一九八六年。
(89) 松本市公民館活動史編集委員会『松本市公民館活動史―住民とともに歩んで五〇年―』松本市中央公民館、二〇〇〇年。
(90) 手塚英男「主事会の力が社会教育行政を変える―松本市公民館主事会の活動から―」『地方自治通信』一九七七年三月（社会教育資料集刊行委員会『信州・松本　社会教育職員の仕事　復刻・手塚英男36年の実践報告　第四集　公民館づくり

—住民参加・職員参加の公民館条件整備—』一九九八年)。
(91) 手塚英男「なぜ、いま公民館か—80年代公民館づくりの運動論—」『月刊社会教育』一九八〇年一一月。
(92) 手塚英男「住民が創る学習文化—松本市あがたの森文化会館五年の歩みから—」『月刊社会教育』一九八四年一二月。
(93) 手塚英男『学習・文化・ボランティアのまちづくり』自治体研究社、一九八六年。
(94) 同前。
(95) 長野県老後をしあわせにする会・手塚英男共編『65歳からのいきいきにんげん宣言—わたしたちの老人白書—』銀河書房、一九八八年。
(96) 手塚英男「信州の老人たちの『つづりかた運動』がはじまった!!」『信州年寄通信』創刊号、一九九〇年。
(97) 手塚英男「自分の老いと死、介護と福祉をみつめて　ゆっくりゆっくり歩む　なんなんひろばの熟年塾」松本市公民館主事会編『松本の学び　根っこワーキング①』一九九一年。
(98) 手塚英男「なんなん仲間のなんぶ(南部)のひろば—松本市『なんなんひろば』が生まれるまで—」同前書。
(99) 手塚英男「インタビュー・『学習・文化・ボランティアのまちづくり』を振り返って」『月刊社会教育』二〇二二年六月。
(100) 白戸洋「地区福祉ひろばができちゃった!　人が変わった、地域も変わった」松本市社会部『福祉ひろば　ふれあいレポート』一九九八年。
(101) 高橋伸光「『いのち・健康・環境を未来につなげよう!』学習会」松本市職員労働組合自治研常任推進委員会『「いのち・健康・環境」を未来につなげよう!　学習会報告集』一九九八年。
(102) 矢久保学「住民の学習を基盤にした地域・自治体づくり」辻浩・片岡了編著『自治の力を育む社会教育計画—人が育ち、地域が変わるために—』国土社、二〇一四年。
(103) 埼玉県アスポート編集委員会編『生活保護二〇〇万人時代の処方箋—埼玉県の挑戦—』ぎょうせい、二〇一二年。
(104) 大橋謙策・千葉和夫・手島陸久・辻浩編著『コミュニティソーシャルワークと自己実現サービス』万葉舎、二〇〇〇年。
(105) 世界保健機関(障害者福祉研究会編)『ICF　国際生活機能分類—国際障害分類改定版—』中央法規出版、二〇〇二年。
(106) 平井達也「公民館で人が抱える困難のことを考える」『月刊社会教育』二〇一五年八月。
(107) 松永尚江「公民館の講座を通して市民の協同を作る」『社会教育・生涯学習研究所年報—小さな学びを創る協同—』第一

五号、二〇二〇年。

(108) 石井山竜平「社会教育行政と公共主体性」日本社会教育学会編『自治体改革と社会教育ガバナンス　日本の社会教育第五三集』東洋館出版社、二〇〇九年。

(109) 岡田知弘「安倍政権の成長戦略と『自治体戦略2040構想』」白藤博行・岡田知弘・平岡和久『「自治体戦略2040構想」と地方自治』自治体研究社、二〇一九年。

(110) 山本昌江「公民館と取り組んだB型機能訓練事業（地域リハビリ交流会）」市町村保健婦協議会報告資料、二〇〇〇年。

(111) 山本昌江「地域の関係をつくる学び『リハビリ交流会』」『月刊社会教育』二〇〇二年八月。

(112) 野崎久子「医療と地域をつなぐ機能訓練事業」『地域リハビリ交流会を振り返って』（検討会資料）一九九九年。

(113) 鈴木健「リハビリ交流事業と公民館―『並木リハビリ交流会』の活動から―」埼玉県入間地区公民館連絡協議会『紀要あすをめざして』第一三集、二〇〇〇年。

(114) 相田肇「公民館での地域リハビリ交流会」『月刊公民館』二〇〇三年一〇月。

(115) 細山俊男「都市化のなかで人間発達を取りもどす住民の学び―埼玉県所沢市職員と住民の協働による社会教育―」島田修一・辻浩・細山俊男・星野一人編著『人間発達の地域づくり―人権を守り自治を築く社会教育―』国土社、二〇一二年。

(116) 細山俊男「今日の社会教育・公民館の抱える困難と可能性―生涯学習の時代といわれるなかで―」『月刊社会教育』二〇〇三年四月。

(117) 山本昌江「『つながり』をつくる公務労働と保健師の仕事を考える」地域づくり運動全国交流センター編『つながって、生きる―地域に働き、住民とともに学ぶ労働者―』やどかり出版、二〇〇八年。

第 3 章

〈共生と自治〉の社会教育とアクション・リサーチ

1　アクション・リサーチへの注目

実践者と研究者の距離

第2章で〈共生と自治〉にかかわる戦後日本の社会教育実践を、実践者に焦点を当てながら、四つの時期に区分して記述した。執筆をしながら気づいたことは、注目した実践者のうち、戦後改革期に活躍した方には会ったことがなく、高度経済成長期に活躍した方には退職した後にお会いし、低成長・経済大国期に活躍した方は若手研究者である筆者にとって畏敬の気持ちを抱く存在であり、格差拡大期になってようやく実践者がほぼ同年代になり、一緒に活動したり、刺激されて自分なりの取り組みをはじめるきっかけになったりしたということである。

その意味では、実践にかかわって研究をすすめたいと思いながらも、実践者との距離がいくらか縮まったと思えるようになったのは比較的最近のことである。年齢やキャリアなどにこだわらず、もっと早い時期から優れた実践者に近づくこともできたのかもしれないし、若い時から同年代の実践者に接近するということもできたのかもしれないが、自分の性格と視野の狭さからそういうことにはならなかった。

しかし今日、名古屋市にある「学習障害児・者の教育と自立の保障をすすめる会」が取り組む「学校から社会への移行期」の学びづくりと、「人生の質を高められる村」をめざす長野県阿智村にさまざまなかたちでかかわり、自身の社会認識が豊かになってきていることを感じている。

そこで第3章では、〈共生と自治〉の社会教育へのアクション・リサーチについて試論的に記述したい。調査研究を得意としているわけではない筆者がこのことを論じることに躊躇もあるが、実践にかかわりながら社会教育を考えてきたことは確かである。また、かかわってきた実践は国民の学習権保障の考えを根底にもち、筆者もそのような社会的文脈に注目したいという気持ちがある。そのような立場から第3章では、筆者が社会教育実践にどのようにかかわり何を考えてきたのかを記したい。

社会認識の方法論としてのアクション・リサーチ

アクション・リサーチは第二次世界大戦前後に、アメリカで社会心理学の調査法として開発されたが、一九七〇年代に入って、人類学や社会学の中で質的研究として注目されるようになり、やがて、経営学や開発政策、政治学、保健衛生学、社会工学などと並んで成人教育もかかわるものになっていく。そして成人教育におけるアクション・リサーチは第三世界の開発や解放運動とかかわって注目され、先進国では学校における授業改革や大学での学習のあり方に影響を与えているが、共同の知を生み出すプロセスや研究と実践の関係構築をめぐる課題、生み出された知の信憑性などが課題となっている。(1) このようにアクション・リサーチ（ＡＲ）は、社会調査法から社会認識の方法論に深化したことをとらえて、次のように説明されている。(2)

ＡＲは単なる社会調査法ではなく、人びとの日常生活にねざした生活の知恵や実践的な知を集め、問題の解決にむかう、「参加」「協同」の変革的な実践過程とされる。ここではＡＲは「行為のなかの知」（knowledge in action）を産出し、「参加的な世界観」（participatory worldview）を共有していく社会認識の方法論としてとらえられている。「参加的な世界観」は、現実にたち現れる諸関係を解決する協同の実践過程で産出される「行為のなかの知」によって、認識され、表現され、構築される。「人間性の開花」（human flourishing）への目的志向性をもつが、その目的は現実のなかで変化し、発展する。ＡＲは実践的な存在としての人間を関係的に規定するとともに、「知ること」に複数の方法があることを重視する。人間は知的な認識にとどまらず、芸術的な表現、経験的な主観性、他者との共感などの多様なコミュニケーション的行為をつうじて、weとして存在する。ＡＲは、「共に」ある人間の実在にせまり、共同の主体（co-author）としての語りや行動を、「人間と社会」、「人間と認識」の相互作用の総体として把握するのである。

ところで、日本の戦後社会教育研究はこのようなアクション・リサーチを先取りしていたのではないかといわれている。宮原誠一は、群馬県島(しま)村での総合教育計画や信濃生産大学の開設、産業別労働組合との連携による労働者教育調査などに取り組み、そこで①調査の対象と主体の組織だった連携、②調査研究の目的と実践的な課題意識の共有、③講師・チューターとしての継続的なかかわり、④共同討議をもとにした実践記録の作成、⑤調査課題や調査主体の継続的な発展などによって、研究者と実践者の社会認識の変容をともなう研究方法を探求した。(3)

また、本書の第1章で論述した戦後日本の社会教育論の多くは、歴史・原理的な視点をもちながら、実践現場とのかかわりの中で提起されたものである。津高正文は地方自治の主体形成をめざした京都府の「ろばた懇談会」にかかわり、小川利夫は日本教職員組合や社会教育推進全国協議会、養護問題研究会に結集する人たちの実践と運動に一貫してかかわった。また、島田修一は長野県喬木(たかぎ)村の社会教育職員として取り組んだ実践と下伊那地域の実践の理論化をはかる「公民館主事の性格と役割」（下伊那テーゼ）の執筆をリードし、藤岡貞彦は信濃生産大学の運営にかかわり、その後、公害をめぐる市民の学習と運動にかかわりながら「学問成果への生活者の参入」という視点を打ち出した。そして、佐藤一子は協同組合や親子劇場などにかかわりながら「文化協同」の可能性を提起するとともに、九条俳句訴訟を通して住民の学習や表現の自由を守ることに取り組んだ。

このような研究と実践のかかわりを求める機運は今日でも強く、社会教育を研究する者の多くがフィールドをもって研究に取り組み、その方法論をめぐる議論もなされている。そこではたとえば、研究者は実践について勝手な解釈をしたくないと考え、実践者も十分な言葉をもっていないので、相互の言葉を「翻訳」する共同作業が重要であり、その作業のために研究と実践は常に異質であり緊張関係をもち続ける必要があるといわれている。[4]また、「コミュニティに基盤をおく参加型研究（ＣＢＰＲ：Community Based Participatory Research）」において、研究者の役割は①提唱者、②コンサルタント、③協働者であるべきだが、政策決定にもかかわり得る専門家や研究者であるために、その発言が権威化されたり、人種や民族的なマジョリティとしてマイノリティ住民を服従させてしまったりする問題がつきまとってきたことが紹介されている。[5]さらに、「ケアの問題」に焦点を当てると、日常的なケアに関心が向かう「研究参加者」とケアの科学的発展をめざす研究者というように、実践と研究の多面性や研究者と「研究参加者」の関係の多元性に突き当たり、その中で「研究者が実践と研究とが不可分となる混沌にいったん身を沈めることを通して、再び立ち上がってくる意味の世界を拾い上げるといった過程」をくぐり抜ける必要が指摘されている。[6]そして、実践者の立場からは、支援を受ける人が違和感を覚える言葉で表現されたり、多様な側面をもつ実践を一つの研究手法で分析される「カテゴリー化の暴力」に対して、そのことを語る機会を豊富にしたり、できた言葉を複数の研究領域で使って別の文脈にずらしてみたりしていると報告されている。[7]

社会教育実践とかかわりながらの歩み

筆者は大学院時代、先輩からの勧めもあり、名古屋市の勤労青年学級の助言者として、実践現場とかかわる体験をした。今振り返ると、まだ働いてもいない大学院生が勤労青年に助言をするというのはおこがましいことであり、実際に有益な役割を果たせたとは思えない。また、鹿児島と高知の大学に勤務した時も、県内の青年問題研究集会や女子集会などに参加したものの、積極的な役割を果たせたという感覚はなかった。しかし、今ふり返ると、この経験は研究者として何をすることで学習者や実践に貢献すべきかを考えるきっかけとなったように感じている。

高知では、幡多高校生ゼミナールの「足元から平和と青春を見つめる」取り組みや中村市（現四万十市）職員労働組合の「聞く運動」にふれる機会があった。また、高知国民教育研究所の活動に参加し、そこから退職教員もかかわった平和への取り組みにも参加して多くのことを学んだ。ここでも知識も経験もないのに何らかの役割を期待されているようで居心地が悪かったが、次第に、今は実践から学ばせてもらうだけでいいのかもしれないと考えられるようになっていった。

そんな筆者が、多少なりとも実践に貢献できるようになったのは、東京の日本社会事業大学に勤務してからである。社会福祉学部で社会教育を担当していることから、単発の講演の他に、東京多摩地域や埼玉県のいくつかの公民館で、地域の福祉を考える比較的長い講座の助言者を務めさせてもらった。また、所沢市や富士見市では、中途障害のある人や虚弱な高齢者が社会参加するための地域リハビリ交流会や介護予防事業にかかわる機会をもらった。さらに、東久留米市で「伴走型」の若者就労支援の取り組みをＮＰＯや市民の方と一緒に立ち上げ、支援の起点となるワークショップを学生と一緒に担うことになった。社会教育委員や公民館運営審議会、地域福祉計画策定会議、ボランティアセンター運営会議、福祉施設の第三者委員会などの委員も務めた。会議の回数や進行の仕方で、実質的な審議が行われない会議も多かったが、熱心に議論して、計画や答申を委員会がまとめ、その進捗状況を見守ることもあった。また、コープとうきょう（現コープみらい）の理事にもなり、協同組合の経営の一端を見るとともに、生協総研の研究に参加する機会を得ることもできた。このような中で、講座の講評や調査報告書のまとめ、諮問への答申などを書くことが増え、それらを織り交ぜて評論を執筆することもあった。

このように求めに応じて取り組んできたことと、自分自身で歴史的理解を深めることに取り組んでいたことを融合させて著したのが『住民参加型福祉と生涯学習―福祉のまちづくりへの主体形成を求めて―』（ミネルヴァ書房、二〇〇三年）である。ここでは実践者の思いを研究者がまとめることで真意が伝わらなくなるのではないかと考え、「まえがき」に「課題とめざすべき方向を、抽象化された一般論として体系的に提起することよりも、歴史と実践のなかから苦悩と喜びをともなって立ち上ってくるような記述をめざしている」と書き、実践者の文章の引用が比較的多い著書になった。

このように、研究者でありながらも実践現場の息吹を伝えようとしたものの、それでも実践に寄り添えている感覚がもてずにいる中で、さらに研究者の役割は何かを考えながら著したのが『現代教育福祉論―子ども・若者の自立支援と地域づくり―』（ミネルヴァ書房、二〇一七年）である。子ども・若者支援の実践が広がり、貧困や格差にしても、障害にしても、外国にルーツをもつ人にしても、実践現場から最先端の問題指摘と優れた実践的な提起が出される中で、いくつかの実践にかかわりながらも、それをつぶさに把握できない研究者にどのような役割があるのかを考えた。そのようなことから、「まえがき」で「実践をふまえて歴史に照らし、領域横断的に考察することにした。そのことで、これまでの教育福祉の議論を反映させつつ、今後を展望できるのではないか」と書き、幅広い課題を総合的に扱い、実践者の文章の引用を控えた著書にした。

このような歩みと並行して十数年積極的にかかわってきたのが、社会教育・生涯学習研究所の活動である。ここでは主に、住民の参加や自治で地域・自治体づくりがどのようにすすめられているのか、そしてそこに社会教育労働を含む公務労働がどのようにかかわっているのかが議論されてきた。そして『社会教育・生涯学習研究年報』を発行する際には、優れた実践の報告と並べて研究者はどのような論文を掲載することが必要なのかを考えてきた。また、福島県飯舘村と長野県阿智村の調査を行い、『自治体の自立と社会教育―住民と職員の学びが拓くもの―』（ミネルヴァ書房、二〇〇八年）や『自治が育つ学びと協働　南信州・阿智村』（自治体研究社、二〇一八年）を刊行することになった時、編集委員会では、住民や職員が取り組んでいる実践を住民や職員にいきいきと書いてもらうことを第一義的に考え、そのために必要な場合には支援を行うこともあった。

そして現在勤務している名古屋大学に移ってからは、発達障害のある若者に大学教育を保障しようとする見晴台学園大学の取り組みや「障がい者生涯学習研究会」にかかわりながら、依頼があれば講師や助言者、ファシリテーター、報告書や書評、論文の執筆などに応じてきた。また、長野県阿智村には、社会教育・生涯学習研究所の活動として継続的にかかわるとともに、機会があれば個人としても村の活動に参加するようにしてきた。そして、その実践を大学の枠をこえて学生に学んでもらう機会や社会教育関係者が学ぶ機会を、阿智村と研究者のつながりを使って提供してきた。

それに加えて、二〇二〇年度から名古屋大学教育学部の附属中学・高校の校長を併任することになった。このことは生涯学習時代の中で中等学校のあり方を考えるいい機会になっている。そのような関心から、文部科学省から受託しているワールド・ワイド・ラーニング（ＷＷＬ）の議論に加わり、入学式・卒業式での式辞や朝礼でのスピーチを行っている。

実践にかかわることの魅力と葛藤

研究者は皆、研究の対象をリアルに把握したいと考えている。社会教育の研究も、今日の日本の制度や実践であれ、歴史的な展開であれ、海外の動向であれ、基本的にはそのように考えて行われている。その中でも、今日の日本で取り組まれていることについては、比較的身近なところに実践があり、そこにかかわることが可能である。

実践にかかわることで、現実をリアルに理解することができ、文献では十分にわからなかったことがわかり、逆にこれまでの研究で指摘されていないことを発見できる可能性が出てくる。また、研究者としてかかわることで、その実践をより高めることに貢献できる可能性もある。さらに、実践にかかわる中で出会ったいきいきとした情報は、大学で授業をする際に学生の関心を呼ぶことも多い。このような魅力を感じながら筆者も実践にかかわってきた。

しかし一方で、自分は実践に対して有益なことをしているのかと自問することもある。たとえば、公民館運営審議会の委員を務めている自治体で公民館の有料化や所管の変更などの方針が出された時、住民の学習権という観点から反対の意見をもちながらも、それを率直に表明することができず、住民や職員の話の流れの陰に隠れることがある。また、実践にかかわっている中で、助言やまとめを求められた時に、その実践の意義を確認したり、さらなる展開のために課題を指摘したりするものの、それは的を射たものなのかどうか、逆に、住民や職員が行ってきたことに水を差すことになっていないだろうかと考えてしまう。

このことと関連して、自分はどれだけ実践のことがわかっているのかという疑問も浮かぶ。実践は研究者がかかわることなくはじまり、研究者は後からかかわることが多い。そうした時に、研究者はその実践のことをどれだけわかっているのかという思いに駆られる。また、実践者から相談があって一緒に立ち上げた実践の場合、当初は研究者の助言が有効であっても、次第に、毎回その活動に参加できるわけではない研究者よりも実践者の方が細かい事情を理解して鮮明な課題を提起するようになっていく。このような状況で、かかわっている実践を取り上げながら原稿を執筆する場合、実践者の方が状況をよく把握しているにもかかわらず、研究者である自分が執筆することへの負い目を感じることもある。

今日、研究における倫理が大きな課題となり、大学や研究機関で審査も行われるようになってきている。そこでは、論文の盗用や研究費の不正使用を防止し、個人情報を保護するとともに調査対象者の同意を得ることなどが課題となっている。しかし、研究倫理審査に通り、そこで認められた手順に従って研究を行っても、実践現場から「研究者のエゴ」「収奪的研究」と批判されることもあり、自分はそうなっていないといい切れるのかという気持ちが湧いてくる。

実践の根幹にせまるアクション・リサーチ

以下では、名古屋市にある「学習障害児・者の教育と自立の保障をすすめる会」が取り組む「学校から社会への移行期」の学びづくりと、「人生の質を高められる村」をめざす長野県阿智村における住民の学びと地域づくりを取り上げる。

前者は、障害のある人の発達保障を求める長年の取り組みの延長線上にあるものであり、後者は、下伊那地域の生活課題に取り組む社会教育の伝統を受け継いで展開されているものである。それだけに、現在の取り組みだけに注目するのではなく、歴史的経緯にも言及することが必要である。また、そのような蓄積の上に展開されているだけに、これらの取り組みには実践的な広がりや制度を求める運動的指向があり、そこで優れた実践者は優れた理論家でもある。

このように、実践には研究者がかかわる前からの取り組みがあり、さらにはその実践が生まれる理論的背景や社会的文脈がある。とりわけ〈共生と自治〉にかかわる社会教育実践は、社会的排除の克服や地方自治の政策動向との拮抗を内に含んでいる。また、今取り組まれていることに限定しても、研究者はそのすべてにかかわることはできないし、逆に実践者は多くの時間を割いてその実践を展開している。そのような歴史的な文脈と実践的な広がりがあるものに対して、自分が参加した眼前のことだけをミクロの視点で分析するだけでは済まないのではないだろうか。実践の根幹にせまるアクション・リサーチのためには、歴史的背景を知らなければならないし、実践をつぶさに把握している実践者が書いたものに学ばなければならない。

したがって、以下の記述は、アクション・リサーチとはいうものの、筆者がかかわる以前にかたちづくられた実践の紹介や理論的・社会的背景への言及が多く、筆者が実践のかかわりの中で見つけたことがそれほど多く書かれているわけではない。また、端的な言葉で実践の本質をとらえようという意識もあまりなく、実践にかかわる中で自分に与えられた役割を具体的にどう果たしたのかという記述が中心になっている。研究者の実践へのかかわり方は難しい問題であるが、筆者はそうすることで実践者から違和感をもたれないアクション・リサーチが可能になるのではないかと考えてきた。

2　障害のある青年の「学校から社会への移行期」の学びづくり
――「学習障害児・者の教育と自立の保障をすすめる会」の活動と障害者生涯学習の組織化

障害のある人の学習権と発達保障運動

戦後教育改革の理念として「教育の機会均等」が位置づけられ、その実現のために九年間の義務教育が定められ、それが学校教育法附則で一九四七年四月一日から施行されることになった。しかし盲学校、聾学校、養護学校の施行日は政令で別途定められることになり、多くの障害のある子どもが就学猶予・就学免除とされることになった。このような義務教育を受けることができない状況に対して、五六年に精神薄弱児・肢体不自由児教育義務制実施促進大会で「精神薄弱児・肢体不自由児教育義務制実施促進に関する決議」が採択され、六〇年代には「どんなに障害の重い子どもにも教育の保障を」という「不就学をなくす運動」が広がった。その結果、七三年に養護学校を義務教育とする政令が出されることになったが、その施行は七九年まで待たなければならなかった。(8)

義務教育の保障が実現し、障害のある子どもが教育によって発達していくことが広く確認されると、次の課題は養護学校高等部を拡大して、希望する子どもが一八歳まで教育を受けられるようにすることであり、さらには、働くことや社会教育で発達を保障する動きが高まった。また、障害のある子どもの放課後を豊かにするとともに、親の就労保障につながる学童保育や放課後等デイサービスが設置されるようになった。

一九七〇年代に広がりはじめた共同作業所をつくる取り組みを母体に、七七年に共同作業所連絡協議会が結成され、八一年には総会で「わたしたちのめざすもの」が採択された。そこで、共同作業所は「労働を軸に成人期障害者のゆたかな生活と発達の実現をめざした実践」であり、そのために、障害のある人が労働の主人公となって働いて人間として豊かな人生を築くこと、作業所にかかわる人が共同して民主的に運営を行うこと、地域の人からの理解と協力を得て障害者の権利保障の一翼を担うことがめざされた。(9)

また、一九七〇年代には社会教育の事業として障害者青年学級が開設された。開設当初の障害者青年学級では、学校教育の補充的な役割をもつこともあったが、やがて、共同学習の影響も受けながら、自分の生活を見つめ、それを語り合い、文化・表現活動に練り上げていくようになっていった。(10)そして今日、公民館主催の学級だけでなく、自主的なサークルをつくる活動が生まれ、障害のある人の自己決定を追求している当事者活動とも結びついて、福祉制度や平和に関する学習が展開されている。(11)

さらに、障害のある子どもの放課後を豊かにする取り組みが、一九九〇年代に子育て支援や学童保育所の法制化によってすすみ、そのことで学校とも家庭とも違う空間の中で子どもたちが交流し、親が働き続けることができるようになった。このような活動は、二〇〇九年の障害者自立支援法の改正によって「放課後等デイサービス」として位置づけられ、さらには、学校を卒業して作業所等で働くようになっても「青年部」などの名称でそこに通い続けることができるようになってきている。このような事業をつくることによって、障害のある子ども・青年の余暇保障と家庭支援による子育ての社会化をすすめ、学校や作業所でもなく家庭でもない「第三の居場所」を通した発達保障がすすめられてきた[12]。

これらの一連の障害のある人の教育権保障の基盤になったのは発達保障論にもとづく運動である。それは第一に、何世紀にもわたって人間として生存することさえ脅かされてきた人びとの人権の保障を、発達する権利の保障という観点から拡充し変革するものであり、第二に、そのことを実現するために、人間の発達に関する諸科学を活用して、乳幼児期から高齢期までを見渡した医療・教育・福祉・労働・文化・政治参加などの分野でその権利保障をめざすものである。そして第三に、個人の発達を保障するためには、個人を取り巻く集団や社会の高まりが必要であると考え、第四に、障害のある人とその家族、関係者、国民が対等な関係で協力する要求運動と研究運動を総合したものである[13]。

その後、障害のある人をめぐる議論は、一方で、権利保障に力点を置かずに障害のある人とない人がともに生きることに注目する議論が台頭し、他方で、当事者が中心となった社会的な運動やピアカウンセリングを展開する自立生活運動などが登場してくる。発達保障を求める運動は、このような動きを批判したり摂取したりしながら、今日も重要な論点を提示している。

そこでは、発達保障の核心を「考え方」であるととらえて、何をどうすればいいのかを性急に求めるのではなく、「そもそも何をめざすのか」「どう考えればよいのか」を問うことで、現実へのかかわり方を磨き、創造力を高めようとする議論がある。たとえば、発達保障の運動が大切にしてきた「集団」について、一人ひとりが尊重される状況がなければ同調圧力になってしまう問題をどう考えればいいのか、これまでの発達保障の運動が注目してこなかった「魅力ある経験」をいきいきわくわくすることの意義という点からとらえ直し、体験を通して自分の言葉で考えることがめざされている。(14)また、社会と人間発達の関係にも言及しているケイパビリティ・アプローチや貧困論、正義論と発達保障運動の接点を検討し、科学性を求めて厳密な到達目標を定めることで障害のある人を排除してしまうのではなく、一定の方向目標とすることが有効なのではないかといった議論が展開されている。(15)

このような中で、社会教育・生涯学習の実践と研究では、障害のある人の教育について、さまざまな理論を吟味し交錯させながら新しい理論が模索されている。そこではたとえば、障害のある人の発達保障の重要性を押さえながら、それを「障害の個人モデル」ではなく「障害の社会モデル」として追求することが考えられている。(16)また、理論的な背景をあまり鮮明にしないで、今日的な実践と政策の広がりを実証的に押さえることに力点が置かれた議論もある。そこでは、障害者青年学級が各地に広がっていること、余暇・放課後を充実させる取り組みが登場したこと、文部科学省の施策としても障害者生涯学習が俎上に上ってきていること、喫茶コーナーやカフェで出会いと相互の学び合いがすすんでいること、「合理的配慮」と「インクルーシヴな学び」についての理解が深まってきていることが指摘されている。(17)

発達障害のある人の後期中等教育の在学年限の延長と見晴台学園

養護学校高等部の拡大で一八歳まで学校教育を受けることができるようになり、共同作業所や障害者青年学級、放課後活動でも障害のある人の豊かな発達が追求されたが、一八歳までしか学校で学べないことを克服する必要も指摘されてきた。そのような中で、後期中等教育の在学年限延長のために、学校教育法第五八条を準用して、特別支援学校高等部に専攻科を設置する動きが起こり、二〇〇四年に「全国専攻科（特別ニーズ教育）研究

表１　見晴台学園授業科目

認識と表現	言語と数量，自然と社会，技術と人間，芸術と文化，運動文化とからだ
生活と自治	クラブ活動，ロングタイム，人間シリーズ
職業人教育	講義（職場見学，仕事についての講演），実習授業（農園や店舗で１週間程度），授業（話し合いと自分らしい進路と生活の検討）
生活者教育	趣味・特技，卒業論文，免許・資格への挑戦，グループ自主旅行，研修への参加

出典：「2022年度見晴台学園学園案内」

会」が結成されている。このような運動と実践をすすめることに長年取り組んできたのが、「学習障害児・者の教育と自立の保障をすすめる会」が開設している見晴台学園である。

日本では学習障害について一九七〇年代から知られるようになったが、社会的に大きな関心を集めるようになるのは九〇年代からである。九〇年に九団体で「全国学習障害児・者親の会連絡会」が結成されるが、その呼びかけを中心的に行った愛知県の学習障害児親の会「かたつむり」は、八七年にシンポジウム「学習障害児を伸ばす教育をめざして」を開催し、八九年からは「学習障害児のための高校づくりを考える集い」を開催した。そして、九〇年に「学習障害児の高校教育を求める会」のもとで、全国ではじめて中学を卒業した学習障害児の高校として無認可の「見晴台学園」が発足した。

学習障害のある子どものための学校をつくってわかったことは、学習障害の概念が不明確であり、結果的に、高校にも養護学校高等部にも進学できない何らかの学力や行動に課題をもつ生徒が入学してくるということであった。その意味で、日本の中等教育の矛盾が明らかになり、すべての子どもの青年期の発達をどのように保障するかを考えることになった(18)。その後、「学習障害児の高校教育を求める会」は一九九五年に「学習障害児・者の教育と自立の保障をすすめる会」と改称されるとともに見晴台学園に中等部が設けられた。

見晴台学園の二〇二二年度の授業科目は〈**表１**〉のようである。

講師の多くは学園の取り組みに賛同する専門的な力量をもった人たちであり、どのようにすれば生徒の関心を引き、仲間同士の学習が活発になるのか工夫が重ねられている。[19]

見晴台学園では、「ちょっと変わった子」「個性的な子」として学校で隅に追いやられ、自信をなくした発達障害のある子どもたちにじっくりとかかわりながら、できることやわかることを通して学ぶことの楽しさが追求されている。その中で起きる変化を「一人ひとりが大切にされて仲間になる」ととらえて、次のような説明がなされている。[20]

見晴台学園高等部は本科三年+専攻科二年の五年制です。一般的に「五年間の〝高等部〟って長いのでは……」と思われるかもしれません。しかし、発達や学習上の困難さがある彼らは、思春期から青年期という人間の人生でもっとも多感で変化の多い時期に、自分をありのまま受け入れ、かけがえのない大切な存在として認めていくためにも、最低でもそのくらいの時間が必要なのです。

自分のペースで丁寧に、ゆっくり、しっかり自信を育てていく大切な時間です。その中で悩んだり失敗したり繰り返しながら、自分と同じように学び生きていくもう一人の自分とも言える仲間と集団をつくり、互いに支え、時には刺激し合って、少しずつでも確実に一人ひとりが力をつけていくのです。

みんなの背中を見て小さな一歩を踏み出した本科一年生が、みんなの中で胸を張って自分を主張できる専攻科生になる、見晴台学園高等部の五年間はそういう時間なのです。

発達障害のある人の大学教育を受ける機会と見晴台学園大学

発達障害のある人の高校卒業後の学校教育のあり方として、専攻科を設置することで中等教育の在学年限を延長する試みがなされる一方で、大学教育を提供するために、法定外ではあっても全日制の恒常的な大学をつくる動きが芽生える。

見晴台学園で専攻科も含めて五年間の高校生活で仲間とともにじっくりと育つことの大切さが理解されると、大学教育への模索がはじまり、二〇〇三年から愛知県立大学生涯発達研究所の発達・臨床事業として、オープンカレッジ「LD青年のための大学教育入門」が開設された。そしてその一〇年の経験をもとに、二〇一三年に「学習障害児・者の教育と自立の保障をすすめる会」によって、四年制の見晴台学園大学が開設された。

見晴台学園大学は教養学部現代教養学科をもち、大学の理念は①国民の大学教育を受ける権利の保障―憲法二六条の拡充と普遍化―、②発達障がい学生が学びがいのある学習支援の探究、③「学びたい」と願うすべての人に開かれた大学教育の創造、である。見晴台学園大学の開設から今日まで中心的な役割を果たしてきた田中良三は、次のような「特別支援教育の基本的な考え方についての批判＝克服」の視点を示している。[21]

見晴台学園大学は、形式平等論や観念論ではなく、発達・知的障がい者に大学教育を保障するとともに、大学教育の可能性と必要性を実践＝実証していくことを目的に誕生した。そして、彼らに大学進学の道が開かれることで、特別支援教育のこれまでの「常識」を覆すことである。

一つは、高等部止まりであった進路選択に、新たに大学を付け加えることである。

二つめに、このことによって、これまで特別支援教育では「キャリア教育」として一般就労を主目的として取り組んできた偏狭な訓練主義的あり方を反省し、教育本来の姿を取りもどすことである。

三つめに、もっと、根本的なことであるが、障がい児・者の教育・福祉を支配してきた早期自立＝早期就労論に立つ伝統的な考え＝原理から脱皮することである。

表2　見晴台学園大学授業科目

課程	区分	科目
基礎課程履修科目	基礎科目	言語と生活，芸術と生活，科学技術と生活，人間と生活，ボディランゲージ，健康と生活，情報と生活
	演習	基礎演習
	実習	ボランティア活動，スポーツ実習，フィールドワーク
専門課程履修科目	基礎科目	平和と社会，世界の人々と文化，コミュニケーション実践演習，生活と科学，芸術と人間，地域社会と文化，ボディランゲージ，教養と人生，法と社会，自然科学と人間，科学と技術，発達と教育
	演習	現代教養演習，卒業演習
	実習	フィールドワーク，プロジェクト，ボランティア活動，スポーツ実習

出典：「見晴台学園大学教養学部現代教養学科大学案内2022」

そして、最後の四つめは、これも重要なことであるが、知的障がいをはじめとする差別的な障がい者観を克服し、科学的民主的な障がい者＝人間観を確立することである。

見晴台学園大学の二〇二二年度の授業科目は〈**表2**〉のようである。

見晴台学園大学では二名の常勤教員がサブティーチャーとして学生を支援している。その役割は、一つに授業と学生をつなぐことであり、二つに教員と学生をつなぐこと、そして三つに授業と授業をつなぐことであるが、とりわけ学期ごとに出す評価票の作成においては大きな役割を果たす。

評価票には、学生が授業ごとに、①学んだこと、②課題、③授業評価（二〇〇字以内）に分けて四〇〇字以内の自己評価を書き、担当教員が①優れたところ、②課題、③自己評価（二〇〇字以内）に分けて四〇〇字以内の学生評価を書く。そのうえで、A・B・C・D・F（A〜Cは合格、Dは不合格、Fは評価せず）の評価をつけ、それをまとめて、成績発表の日に一人ずつに手渡される。この評価票の作成について、「自分の学びを見つめる評価票」としてサブティーチャーの働きが次のように紹介されてい

る。(22)

文章を書いたり、学びを振り返ってまとめたりすることが苦手な学生にとっては大変なことで、これもサブティーチャーと二人三脚の作業が始まる。まずは受講した授業の資料の整理から始まり、授業順に資料を入れ替えたり、紛失してしまった資料をコピーしたりして資料をそろえる。次に評価票締め切り日から逆算し、どの時間帯で評価票を書いていくのか便利帳を見ながら、計画を立てて、いざ評価票にとりかかる。

一五回の授業を振り返り、一番印象に残っているのは何か、それはどうしてなのか？　を考えていく。印象に残っていることはわかっても、その理由を考えるのは至難のワザである。一人で作業することが困難な場合、要望があれば一緒に作業を行う。そうしていろいろな角度から質問をし、それに答えていくことで、自分の学びを自分の言葉で綴っていける。また、学生本人が書けたと言っても、こちらに真意が伝わらない、文字の脱落、変換ミスなどがある場合は、何度も書き直しをすることになる。

このように、自分の学んだことを価値づける作業が続けられ、その四年間の蓄積を関係者で確認し合う場が卒業式である。その様子と卒業の意味が次のように述べられている。(23)

卒業式での学長式辞は、学長自らが担当した授業「卒業演習」での、それぞれの「評価票」を読み上げるという異例のものだった。ゼミの様子が具体的に示され、三人が真摯に学んできた姿が参加者に紹介された。さらに卒業生が出ていく社会について、「安保法案」が強行採決されたことにあらわれているように、厳しい状況だが、学んだことを生かせるようにがんばってほしいと付け加えられたことも印象的だった。

一人ひとりの学生の学びを振り返り、確かめ合い、共感しあう卒業式は、日本中を探してもそうお目にかかれるものではないだろう。（中略）

見晴台学園大学は法定外なので、制度上の資格としての学歴にはならない。見晴台学園大学を卒業するということの意味は、大学の理念・目的に沿った内容を履修し、所定の単位を取得したこと＝学んだことを本人および大学関係者が相互に認めあい、学校から社会へ、学生から社会人へ飛び立つことを祝福し励ますものである。そして、見晴台学園大学における学生の学び・卒業とは、学生一人ひとりの人格を豊かに育て、その後の就労など人生の土台となるものだ。

このような見晴台学園大学の取り組みは、二〇一三年に制定された「障害を理由とする差別の解消の推進に関する法律（障害者差別解消法）」が求める「合理的配慮」を発達障害のある青年に対して実践するものである。そこで見えてきた「合理的配慮」とは、一人ひとりに合わせて教育を行うことであり、そのためには一人ひとりの困難への理解と共感が必要であり、学校だけでなく生涯にわたって教育を保障することだと考えられている。[24]

また、見晴台学園大学は「障がい者に開かれた大学づくりをめざすパイオニア」として、実践研究を発信するために研究紀要を発行している。そこには、見晴台学園大学の実践にかかわる論稿の他、文部科学省から受託した実践研究の紹介、特別支援学校のカリキュラムの批判的考察、高等専修学校における知的・発達障害のある学生への支援、海外の知的障害者の高等教育機関への進学の動向などが掲載されている。[25]

全国専攻科（特別ニーズ教育）研究会と全国障がい者生涯学習研究会

五年間の後期中等教育を保障するために見晴台学園に設置された「専攻科」とは、高校や大学の通常の課程に加えて、特別な技能を身につけることを目的に設置される課程である。学校教育法第五八条で高校に、同九一条で大学に設置できるとされ、特別支援学校高等部には、第五八条が準用される。この仕組みを使って、障害のある人の在学年限の延長に取り組んできたのが、二〇〇四年に発足した「全国専攻科（特別ニーズ教育）研究会」（全専研）である。

専攻科は学校教育法で規定されているため、狭くとらえれば、認可された特別支援学校高等部に設置されるものであるが、全専研には、NPOが設置する法定外の学校の関係者も参加している。これらは「学校型専攻科」と呼ばれているが、一方で、厚生労働省の「自立訓練（生活訓練）事業」の枠内で、学習や文化活動にじっくりと取り組むことも認められ、これは「福祉事業型専攻科」と呼ばれている。

全専研がまとめた実践紹介の中で目を引く言葉は、「仲間の存在が一番のエンジン」「新たな〝自分づくり〟『生徒』から『学生』への移行」「自己実現の主体者」「青年のやりたいことを大切に」「青年期集団の中で育まれる自制心」「青年と母親の生涯学習の場」などであり、訓練によって一般就労などより高いレベルの就職をめざすのではなく、じっくりと仲間のなかで人間的に成長することがめざされている。(26)

このような青年期に必要な学びを探究する専攻科をつくる運動が、厚生労働省からも認められ、文部科学省の新しい施策につながっていることが、次のように指摘されている。(27)

私たちはこれまで、学校型専攻科か福祉（事業）型専攻科かを問わず、ゆっくりと時間をかけて豊かな学びを保障する青年期教育が、障がい青年の人間的成長と社会的参加・自立にとって非常に大切であると確信をもって取り組んできました。そして厚生労働省所管の障害者福祉事業においても、生涯にわたる学びの取り組みが正当に位置づけられることを願ってきました。

このような私たちの長年にわたる専攻科づくりの取り組みが、文科省によって正当に評価されたと言えます。また、福祉（事業）型専攻科やフリースクール版ともいうべき高校・大学の取り組みが、障害者生涯学習支援政策における「学校から社会への移行期」の取り組みとして明確に位置づけられたことも、わが国の教育・福祉の長い歴史において画期的なことだといえます。

専攻科づくりのような後期中等教育の在学年限を延長する運動は、さらに大学進学や生涯学習にも関心を向けることになる。二〇〇六年に国連総会で採択された「障害者の権利に関する条約」とそれを批准するための国内法整備を念頭に置き、障害のある人の生涯学習を中等後教育と位置づけて問題提起がなされている。そこでは、一つに、「私たち抜きに私たちのことを決めないで」という条約の理念を反映して、当事者の声が実名で紹介され、二つに、地域や施設での実践に加えて大学におけるオープンカレッジを取り上げて、学校教育を拡張させることがめざされ、三つに、青年期の発達課題に焦点を当てて、スポーツと「いのち・愛・性」が取り上げられている。そして四つに、障害のある人の学習権保障の歩みをふり返り、現在の水準が長年の発達保障運動の成果の上にあることを訴えている。[28]

このような動きを基盤として、二〇一六年に「全国障がい者生涯学習支援研究会」が発足した。そこでは、ありのままの自分が出せて受けとめ合える関係の中で、社会参加や人との付き合い方、余暇の上手な使い方などを学ぶことが課題とされ、そのような障害のある人の生涯学習の実践的理論的課題として次のことが指摘されている。[29]

（1）障がい者権利条約時代を迎え、この間の障がい者の学校卒業後の学び・発達支援の取り組みをもとに、障がい者の生涯学習支援について理論化を図る。

（２）障がい者の生涯学習を、乳幼児期 ― 学童期 ― 青年期 ― 成人期へと生涯を通して連続する権利としての学び・発達保障の一環として位置づけ、障がい者の生涯学習と生涯発達の実践と理論の発展を図る。

（３）障がい者の生涯にわたる学び（＝生涯学習）を、ノーマライゼーション、インクルージョンとして位置づけ、理論化を図る。

（４）障がい者の青年期及び成人期を、学びの視点から発達保障の実践と理論の発展を図る。

（５）障がい者の生涯学習の理論化を通して、生涯学習と社会教育をめぐる制度・政策の矛盾や混乱に対して、また、今後の社会教育・生涯学習の実践と理論に問題提起をする。

「全国障がい者生涯学習支援研究会」は毎年研究大会を開催し、『障がい者生涯学習支援研究』を刊行している。そこでは、実践的な研究が大切にされ、①特別支援学校における卒業後を見通した実践（自分探しを基盤にした進路探し、余暇活動支援）、②学校外活動の実践（表現活動、放課後等デイサービス）、③障害のある人の在学年限の延長にかかわる実践（専攻科、オープンカレッジ、発達障害のある人の大学づくり）、④地域・社会教育における学習と交流にかかわる実践（障害者青年学級、公民館におけるコーヒーハウス、コロナ禍の中でのカフェ、障害のある人たちによる生涯学習の企画づくり）、⑤障害者福祉サービスの中の学習実践（選挙学習、恋愛講座、青年教室）、⑥重度身体障害のある人の医療と学習や逸脱した行動をとる人の社会復帰支援活動など、幅広い視点から実践が紹介されている。また、政策や理論についても講演や論文として扱われ、文部科学省からの障害者生涯学習政策の考え方と取り組み状況の報告、障害のある人の生涯学習を求める運動と政策づくりの関連、知的障害のある人の大学教育の現状と課題などが掲載されている。(30)

このような研究の輪の中に筆者も二〇一九年から加わり、執筆の機会を与えられて、「障害」に加えて「貧困」や「差別」も視野に入れた教育権保障の全体像を「教育福祉」としてとらえ、その実践においてNPOの位置づけが高まり、それと協働できる公務労働のあり方が問われていることを指摘した。[31] また、「学習障害児・者の教育と自立の保障をすすめる会」や全国専攻科（特別ニーズ教育）研究会、全国障がい者生涯学習研究会の実践の積み上げと政策への働きかけに共感して、教育における実践と制度のダイナミズムに注目した研究の必要を指摘した。個別の領域での実践づくりとそれによって共生の意識が高まることは重要であるが、それだけでは社会的・制度的な課題が曖昧にされ、結果的に困難な状況にあることが個人の責任にされてしまう。障害のある人たちを中心に据えた生涯学習の発展には、これまで積み上げられてきた実践と制度を往還させることを忘れてはならないと考えた。[32]

文部科学省「障害者の多様な学習活動を総合的に支援するための実践研究」の受託

文部科学省では、二〇一四年の「障害者の権利に関する条約」の批准や一六年の障害者差別解消法の施行を受けて、障害のある人の学校卒業後の学習・文化活動の充実と、ともに生きることができる社会をめざすことが課題となり、一八年三月に「学校卒業後における障害者の学びの推進に関する有識者会議」が設置された。そして全国専攻科（特別ニーズ教育）研究会と全国障がい者生涯学習研究会を中心的にすすめてきた人を委員に委嘱し、そこで蓄積されてきた実践と理論が反映されることになった。

「学校卒業後における障害者の学びの推進に関する有識者会議」は二〇一九年三月に報告書『障害者の生涯学習の推進方策について―誰もが、障害の有無にかかわらず共に学び、生きる共生社会を目指して―』を出した。そこでは、めざす社会像として「誰もが、障害の有無にかかわらず学び続けることのできる社会であること」

「障害者が、健康で生きがいのある生活を追求することができ、自らの個性や得意分野を生かして参加できる社会であること」が掲げられ、障害者の生涯学習推進において特に重視すべき視点として、①本人の主体的な学びの重視、②学校教育から卒業後における学びへの接続の円滑化、③福祉、労働、医療等の分野の取組と学びの連携強化、④障害に関する社会全体の理解の向上があげられた。[33]

ここでは、障害のある人の生涯学習と障害のある人への理解を広めていくことがめざされているが、前者に関しては、〈視点1〉として「学校から社会への移行期の学び」が掲げられ、そのために、①学校教育段階からの将来を見据えた教育活動の充実（学習指導要領をふまえた取り組みの推進、特別支援学校における卒業生のフォローアップ）、②移行期に求められる学習内容、③学校卒業後の組織的な継続教育の検討（障害福祉サービスと連携した学びの場づくり、大学における知的障害者等の学びの場づくり）が課題とされ、〈視点2〉として「各ライフステージにおいて求められる学び」が掲げられ、そのために、①各ライフステージで求められる学習内容、②多様な実施主体による多様な学びの機会提供の促進（公民館等の社会教育施設や生涯学習センターにおける講座等、特別支援学校の同窓会組織等が主催する学びの場、大学のオープンカレッジや公開講座、社会福祉法人・NPO等における障害福祉サービス等と連携した学びの場）が課題とされている。[34]

また、文部科学省は一八年度から委託事業として「学校卒業後における障害者の学びの支援に関する実践研究事業」をスタートさせた。二〇二〇年度の実施要領によれば、「『（ア）学校から社会への移行期』と『（イ）生涯の各ライフステージ』のいずれか又は双方のテーマを選択した上で」、①効果的な学習プログラムの開発、②連携協議会の開催及び効果的な実施体制や関係機関・団体等との連携モデルの構築、③コーディネーター・指導者の配置やボランティアの活用方策等の開発、④成果等の普及に取り組むことが条件とされている。[35]その後、この委託事業は、障害者の生涯学習支援に関する地域コンソーシアムをつくる事業や、知的障害のある人が大学・

専門学校などで学べる機会をつくる事業などにも拡大されている。

見晴台学園および見晴台学園大学を運営する「学習障害児・者の教育と自立の保障をすすめる会」は、この委託事業をこれまでの実践を発展させるとともに理論化する好機をとらえて受託し、積極的に取り組んできた。二〇一八年度は、「公開講座」「大学連携オープンカレッジ」「視察研修」「成果報告」を通して、「学習プログラムの開発」を行うとともに、「連携協議会」の中でそのことの検討が行われ、[36]一九年度には、一年目の活動を継続することに加えて、東海・北陸地区の拠点として「コンファレンス事業」が取り組まれた。[37]そこでは、行政説明や記念講演に続いて、「共に楽しく学び合う障害者青年学級」「学校から社会への移行期の学び」「当事者・保護者も共に育ち合う」「行政と民間の絆で」「インクルーシヴな大学づくり」というテーマで分科会がもたれた。[38]また、二〇年度にも同様の取り組みを行いながら、[39]「コンファレンス事業」で三年間の成果を発表するとともに、『学校から社会への移行期の実践〈学校から卒業後へ〉』『学校から社会への移行期の実践〈卒業から学校へ〉』『ライフステージに応じた学びの実践』というテーマで分科会がもたれた。[40]

そして、二〇二一年度は「学習障害児・者の教育と自立の保障をすすめる会」の取り組みを引き継ぐとともに、自治体と連携した事業で文部科学省からの委託事業が展開されている。特別支援教育支援員を養成している『春日井子どもサポートKIDS COLOR』が愛知県春日井市と連携して、「障害者の生涯学習実践研究講座」「スポーツ講座」「視察研修」に取り組み、その成果を「連携協議会」で検討する取り組みを行った。そのうち「障害者の生涯学習実践研究講座」では、「乳幼児期」「学齢期(小・中)」「学齢期(高校)」「青年期(大学)」「青年・成人期(就労)」「まとめ(発表)」というプログラムが用意され、自治体と連携することで、市役所、公民館・ふれあいセンター、福祉事業所、NPO、社会福祉協議会、幼稚園の職員など四七人が受講することになった。[41]毎回優れた実践が紹介されるとともに、研究者が「共同研究者」という立場でその実践にコメントをつける運営がなされ、それを障害のある人にかかわる職員が受講することで、「障がい者生涯学習専門支援員」という仕組みをつくることが展望されている。[42] そして、「コンファレンス事業」にも取り組み、春日井市と瀬戸市の取り組みが紹介されるとともに、見晴台学園や和歌山県の一麦会、東京都の町田市とびたつ会の先駆的な実践から学ぶ機会が設けられた。[43]

障害のある人の「学校から社会への移行期」の学びをつくる視点

「学習障害児・者の教育と自立の保障をすすめる会」は専攻科をもつ見晴台学園や四年制の見晴台学園大学を設置して、後期中等教育の在学年限の延長や大学での学習機会の提供に取り組んできた。そのため、「学校卒業後における障害者の学びの支援に関する実践研究事業」を受託するに当たっては、「学校から社会への移行期」の学びを充実させることを念頭に、「公開講座」や「大学連携オープンカレッジ」に取り組んだ。

二〇一八年度の「公開講座」は、見晴台学園専攻科および見晴台学園大学が母体となりつつも、そこに通っていない障害のある人にも参加してもらう取り組みであり、「大学連携オープンカレッジ」は、見晴台学園・見晴台学園大学（発達障害青年の学び）、愛知県立大学（保育）、中部大学（特別支援教育）、愛知みずほ大学（基礎ゼミ）、東海学園大学（障害者の就労支援）、名古屋大学（生涯学習）が連携して、障害のある学生とない学生が大学教育の中でともに学び合おうという試みである。[44] 筆者も学生や大学院生とそこに参加して、「公開講座」には講座長という役割を与えられて企画と運営にかかわり、「大学連携オープンカレッジ」では、本務校での卒業論文指導の様子を見晴台学園大学の学生に見てもらった。

「公開講座」では、「学校から社会への移行期」において自分が生きてきたことを肯定的に受け止めることが必要であるとの立場から、障害のある人たちの自分史学習に取り組み、過去をふり返って未来を展望するためのポイントを明らかにしようとした。また、少し難しい課題を仲間の中で乗り越えられるような運営をめざした。そしてその結果を、①自分を語ることの力＝断片的ではあっても、自分のこれまでとこれからを他者に語り、その反応を受け取る中で、自分を肯定的にとらえる体験は今後につながる、②改まった場のもつ力＝自分のことを知っている人ばかりではない中で一緒に考え発表する緊張感や、改まった場で一生懸命話して自分のことがわかってもらえた達成感は重要である、③チューターとの共同作業＝チューターという役割があるとはいえ、同じ青年期を生きる人間としてかかわることが大切だという気持ちをもって行動することが重要であるという考察を行った。(45)

二〇一九年度は「生涯学習セミナー」の実施にかかわったが、そこで大きなことは、障害のあるメンバーが実行委員会に参加して、実行委員長に障害のあるメンバーが選出されたことである。そして、学びが障害のある人たちにとって魅力あるものになるには、①日常生活が充実していること＝そのことで気持ちが安定して、他に楽しいことはないかと意欲が高まり、いつもの仲間がいるので違った場所でも行ってみたいと思える、②楽しい学びを用意すること＝体を使ったり、新しい体験をしたり、座学で興味のあるテーマを取り上げることで可能になる、③実行委員としての役割を仲間のために果たす＝緊張する場面や難しいこともあったが、勇気をもって取り組み、必要があれば職員と相談しながら役割を遂行した経験は貴重である、という考察を行った。(46)

二〇二〇年度も障害のあるメンバーが実行委員会で企画と役割を決めて「生涯学習セミナー」が開催された。筆者は二〇一八年度からの三年間の取り組みから、「学校から社会への移行期」には就労に関心が集中しがちであるが、学ぶことの楽しさを知り、人とのかかわりを深め、人生を豊かにするきっかけをつくることもこの時期の大切な課題であると指摘したうえで、そのための方策を次のように指摘した。(47)

（1）企画・運営を行う実行委員会も学習の場として大切にすること

実行委員会に参加することは、大変だけどみんなのためにがんばる、自分の意見を言う、他の人の意見にも共感するなどの意義がある。難しいことは職員が担うことになることもあるが、できることをすることで、意欲が湧き、楽しい気持ちになる。

（2）改まった場のもつ意味を大切にすること

実行委員会やセミナー当日の開会あいさつ、それぞれの役割の遂行などは緊張する場面ではあるが、普段の生活とは違いみんなから注目されることで、大きな達成感を味わい自信につながる。

（3）自分の人生のふり返りは肯定的なことに気づくことを中心にすること

自分を見つめることは青年期の課題として大切ではあるが、そのことで自信が芽生え、明るい気分になるために、うれしかったことや誇りに思っていることなど、肯定的なことに注目することが必要である。

（4）ワークショップは個人での作業とみんなに聞いてもらうことを組み合わせること

個人の作業のために使いやすいワークシートを用意し、自分が書いたものを使いながら発表することが望ましい。また、ワークショップの進行の指示は細かく区切って出すことで、変化があって飽きずに取り組むことができる。

（5）講演についてはグループでの話し合いを通して質問に練り上げること

講演を聞くことは集中力が続かず難しい面があるが、講演を受けてグループで話し合い質問に練り上げていくことで、内容を咀嚼することができ、講師との応答的な関係もできて満足度が高まる。

（6）新しい経験、楽しい経験をすることも大切にすること

障害のあるメンバーの日常生活は変化に乏しいことが多いので、知識を身につけることだけを学習とは考えず、新しい経験や楽しい経験をすることに、世界が広がるという積極的な意義を認める。

図１　「学校から社会への移行」における生涯学習モデル事業の現状と展望

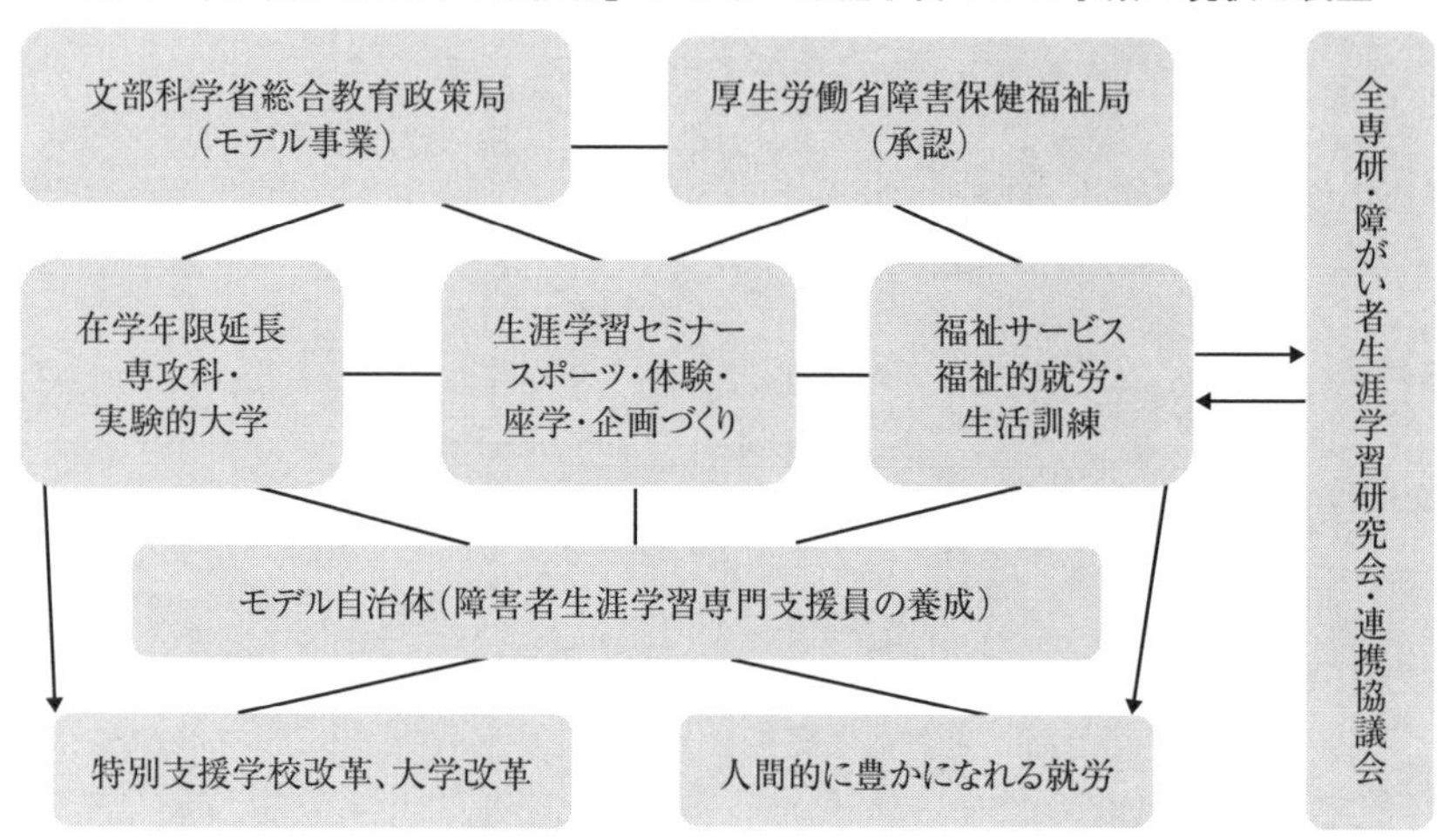

（7）日常の生活の場での信頼関係を基盤にすること

学校や職場など日常の生活の場での障害のあるメンバー同士や職員との信頼関係があることで、改まった場で新しいことをすることに少し緊張するけれど、参加してみようという気持ちになる。

（8）職員も支援者もともに学ぶこと

自分の人生をふり返り肯定的に自己をとらえることは職員や支援者にも必要なことである。また、障害のあるメンバーが実行委員会やセミナーで見せる普段とは違う態度からその人の理解を深めることも可能になる。

障害のある人の「学校から社会への移行期」の学習機会の構造

これまで述べてきたことをまとめると、障害のある人の「学校から社会への移行期」の学びづくりの構造は、〈図１〉のように考えられる。

まず、障害のある人の「学校から社会への移行期」の学びの場として、地域を基盤とした「生涯学習セミナー（スポーツ・体験・座学・企画づくり）」と、学校教育を保障する「在学年限延長（専攻科・実験的大学）」と、福祉事業の中で人間の発達に取り組む「福祉サービス（福祉的就労・生活訓練）」がある。このうち、「生涯学習セミナー」と「在学年限延長」の連携は文部科学省でモデル事業として取り組まれ、「生涯学習セミナー」と「福祉サービス」の連携は厚生労働省によって認められて取り組まれている。このような先駆的な事業を恒常的なものにしていくことが今後の課題となる。

そして、専攻科や実験的な障害者の大学によって追求されている「在学年限延長」は、個人的な能力と人間関係づくりをじっくりとすすめる特別支援学校の改革と障害のある学生も受け入れる大学の改革を求めることになっていく。一方で、「福祉サービス」は職業技術一辺倒の訓練ではなく、人間としての総合的な力を身につける支援を行うことで人間的に豊かになれる就労をつくることにつながっていく。そして、「生涯学習セミナー」「在学年限延長」「特別支援学校と大学の改革」「福祉サービス」「人間的に豊かになれる就労」という循環、すなわち、社会教育、中等教育、高等教育、福祉、雇用を結びつけることに自治体が役割を発揮し、それを担う人材として「障害者生涯学習支援専門員」の養成に着手されることが展望されている。

このような全体の仕組みを動かすためには、その効果を実践的に明らかにする取り組みが必要である。そのことに「全国専攻科（特別ニーズ教育）研究会」（全専研）や「全国障がい者生涯学習研究会」が果たした役割は大きく、文部科学省からの事業委託にともなって設置される「連携協議会」からもさまざまな情報が発信されている。このような組織の中で展開される実践研究とそれぞれの領域の実践、そして政策立案を連携させることが求められている。

3 「人生の質を高められる村」における住民の学びと地域づくり
――長野県阿智村における学習を基盤にした自治の創造と公務労働

下伊那、阿智村の地域づくりと社会教育の伝統

長野県の南部を占める下伊那地域は、歴史的に自由を求める民衆運動が盛んな地域であった。明治期には深山自由新聞の発行、愛国正理社の設立など自由民権運動の一端を担う動きがあり、大正期に入ると養蚕業が盛んになり、横浜市場の情報を得るために新聞購読が広がるとともに、繭値相場の変動に対応するために、共同出資の製糸会社を創設した。また、教員の間に白樺派文学運動が広がり、農村青年は南信自由大学を開設するとともに、青年団自主化運動を展開した。このような実践や運動が戦後に引き継がれ、貧農層を重視した農地改革、勤労青年の学習機会を保障する運動が展開され、それと並行して、公民館の設置と読書会活動が盛んになった。また、原水禁運動や安保闘争、中国残留孤児の救援活動、農業基本法制のもとでの農業構造改善事業への反対など社会問題に盛んに取り組んできた。このような下伊那地域に広がっていた取り組みは阿智村でも盛んであり、農地改革や産業活動の発展に取り組み、青年会活動でも自立的な精神が息づき、勤労青年の教育機会を求める運動の中で阿智高校が設立された(48)。

阿智村では一九四九年に旧会地(おうち)村で公民館が設置されたが、その事務を満州からシベリア抑留を経て帰村した長岳寺(ちょうがくじ)住職山本慈昭が担当し、「文化の殿堂」にふさわしい建物をつくり映画会を催した。その一方で、保育所建設に取り組み、さらに今日の阿智史学会につながる『郷土史巡礼』を発刊した。山本は一九六〇年代に入ると、日中友好協会阿智支部を立ち上げ、日本に渡ってきていた中国人殉難者の調査を行い、遺骨を中国に送り届

け、その後、中国残留孤児との交流および帰国に力を注いだ。[49] また、戦前の教育運動に参加した熊谷元一は、童画を描きつつ戦後は農村女性の調査の一環で、厳しい労働と生活の様子を写真に収めた。このような「農村記録写真」を通して地域の課題を考えるとともに、そのことが後に激しく変わる時代の中で、自分たちの暮らしを見つめるまなざしの大切さを伝えることにつながっていく。[50]

このようなことを背景にして、下伊那地域では生活を見つめる学習が自覚的に追求されるようになった。地縁団体に依拠した行事的な公民館活動に人が集まらなくなる中で、たとえば、結婚観や民主的な家族観を問い直すことから生活改善事業をすすめ、地域農業の変化の中で先を見通す学びが必要であることから、いくつかの村が共同した企画として「農民大学講座」が開設された。また、下伊那農業高校定時制分校の廃止にともなって、青年学級への要望が高まるとともに、読書会を中心とした農村青年のサークルや婦人による生活を記録する活動も生まれた。[51] 読書運動に関しては、北部五か村の青年会図書部が飯田市立図書館に働きかけ、下伊那図書館協会の結成を呼びかけるとともに、婦人グループが県立図書館から団体貸し出しを受けることを実現させた。[52]

住民の学習活動が盛んになる中で、公民館主事も学ぶ必要を自覚し、下伊那主事会で一九五九年から雑誌『月刊社会教育』をテキストに学習をはじめ、六〇年からは有志による「百鬼会」がテーマを決めた学習を行った。また、六二年から郡市青年学級担当者研究会や婦人教育担当者研究会、郡市公民館問題研究会が開催され、公民館主事と青年・婦人の意見交換がなされるようになった。[53] そして、このような動きに注目して、日本社会教育学会が年報『現代公民館論』を編集するにあたって、飯田下伊那公民館主事会に問題提起を依頼し、六五年に「公民館主事の性格と役割」（下伊那テーゼ）がまとめられた。そこでは、住民の学習の本質をふまえたうえで、公民館主事には自治体労働者としての立場と住民の学習の自由を守る教育専門職の立場が必要であることが提起され、日本社会教育学会を通して他の地域の職員集団からの意見が集約された。[54]

このように下伊那地域の社会教育の特徴は、一つに、高度経済成長による生活の変化で公民館活動への参加者が減ることを正面から検討した結果、生活課題と向き合う実践をつくる必要があることが確認され、農政や地域開発のあり方ともかかわって社会的な認識が形成されていったということであり、二つに、公民館主事は農村問題や婦人問題を中心に社会科学を学び、それを実際の住民の暮らしの中で確認して、新しい価値観をつくり出すことと権力の支配や干渉を排除することに力を注ぎ、他方で、一人の地域で働く人間として、自らの生活と権利を守り住民自治をめざす自治体労働者であることの自覚をもったことである。そして三つに、公民館主事が集団討議の機会として、主事会と住民との協議の場を設けたことであり、四つに、生活課題と向き合う学習活動の中から、政治や社会を厳しく見つめる住民が登場し、下伊那郡地域教育委員や町村会との間で摩擦を生じさせることもあったということである。(55)

社会教育・生涯学習研究所が見た阿智村における住民の学習と地域づくり

阿智村は下伊那地域の南西にある人口およそ六五〇〇人、面積およそ二一四キロメートルの山間の村である。一九五六年に会地村、智里(ちさと)村、伍和(ごか)村が合併して阿智村が誕生し、その後、二〇〇六年に浪合(なみあい)村と、〇九年に清内路(せいないじ)村と合併して今日に至っている。

阿智村には住民の学習と活動を公民館や協働活動推進課をはじめ行政が支える仕組みがあり、「住民主体の村づくり」が行われている。筆者も参加している社会教育・生涯学習研究所では、そのことを深く学ぶために、二〇一一年から調査活動を行っている。そのねらいは次のようである。(56)

阿智村における村づくりを担う人材は、どのように育ってきたのか、また、いまどう育ちつつあるのか、それをふまえてこれからの村づくりの担い手形成の課題を、そこにはいかなる人間発達が期待され追求されているかという社会教育的な視点を据えて研究する。（中略）
全体として、政策分析の深化や自治体再編下の対抗軸づくりをめざす政治・経済学的研究（地方自治・地方行政、地域再編・構造改革分析や地方財政、自立経済圏研究などの課題にかかわる研究）ではなく、それらの課題を主体的に担える人材をどう協同的に育て上げていくかという社会教育的課題を据えたものである。

調査では、岡庭一雄村長（当時）へのインタビューや対話から住民自治の考え方を学び、何人かの住民から活発に取り組まれている実践について話をうかがった。そのことに加えていくつかの資料を使ってできた中間報告をめぐって、住民や職員の方との意見交換を行い、二〇一二年に報告書がまとまった。

「第一部　村の歴史に見る自治体自立の思想と実践のあゆみ」では、「自立と協同の気概」の形成につながる歴史を紹介しつつ、農地改革や農業協同組合の活動に積極的に取り組んだことや青年会の自立的な活動や勤労青年の教育機会を求める運動があったことが明らかにされている。そして「第二部　地域自治の主体形成と『協働』の仕組みづくり」では、岡庭村政の基本理念である「自治」と「協働」が、地区計画づくりや村づくり委員会、全村博物館構想などにどのように息づいているのか、そしてそれに社会教育研究集会や公民館の活動がどのようにかかわり、それらを役場職員が公務労働としてどのように支えているかが明らかにされた。さらに「第三部　自治を基盤にした産業とくらしの創造」では、農業や福祉、子育て、教育、結婚支援、満蒙開拓平和記念館の取り組みが紹介され、「第四部　持続可能な地域づくりへの提言」では、三つの部で紹介したことの延長線上で今後の課題と可能性が論じられている。(57)

この調査が終盤にさしかかった時、村の最大の課題は人口問題であるとの指摘があり、それまであまり注目してこなかった子ども・若者のことを中心に、二〇一三年以降も阿智村調査が継続されることになった。そうしたところ、一四年に日本創生会議人口減少問題検討分科会から、消滅する可能性が高い自治体のリストが公表され、地方中核拠点都市の構想が出された。また、それと連動するように、閣議で「まち・ひと・しごと創生長期ビジョン」「まち・ひと・しごと創生総合戦略」が決定され、その後頻繁に改訂されていった。そこでは、自治体が広域化することによって手薄になった地域の課題を解決するために、「地域運営組織づくり」「小さな拠点づくり」が推奨されている。このような中で、社会教育・生涯学習研究所では、行政が住民を動かす「小さな拠点」ではなく、住民が自由に考え行動することができる「小さな自治」をどのようにつくることができるかという問題意識をもって、阿智村調査を再構成することにした。

このようなことを経てまとめられたのが、二〇一八年に刊行された『自治が育つ学びと協働　南信州・阿智村』である。雑誌『住民と自治』を発行し、地域・自治体づくりについての情報発信を行っている自治体研究社から発行することで、住民の学習を支える社会教育の意義を自治体に関心を寄せる人びとにわかってもらうことをめざした。当初はそれまでの調査を深めて研究者が中心となって執筆することを考えたが、住民主体の地域づくりの研究であることから、住民と職員と研究者の力を合わせて本づくりをすすめることにした。その内容は次のようである。(58)

「第一章　村をつくる住民の活動の広がり」では、地元の食材を使った「ごか食堂」、農業の協同化をすすめる産業振興公社、地域の豊かさに気づく全村博物館構想、女性の平和学習、満蒙開拓を語り継ぐこと、自治組織の活性化、平和を求める社会教育研究集会、住民要望から政策をつくる村議会、国政に影響を与える地域づくりについて、これらの活動がどのような背景をもって生まれたのかが紹介されている。また、「第二章　若い世代の参加と創造性の発揮」では、人口問題を念頭に置いて、地域で生きる意味をつかむ若者、村の魅力発信と結びついた婚活事業、福祉や子育てについて自由な交流ができる「はぐカフェ」と「あちたね」、男性の楽しみから広がる地域活動について紹介されている。

住民の言葉で活動が紹介された第一章と第二章の中で注目されることは、それぞれの取り組みが視野を広くもつとともに、課題の本質にせまるものになっているということである。たとえば、「ごか食堂」の場合、地域で取れるおいしい野菜を活用することに加えて、地域で活躍の場が少ない女性が力を発揮することをめざすものであり、住民に交流の場を提供するとともに配食サービスで孤独な高齢者にもアプローチし、村外からの人の受け入れにも一役買っている。また、婚活事業については都会でイベントをアピールする時にも、実際の事業の中でも、村のことを明るく誇りをもって話せる住民と出会えなければ、パートナーを求める人の付き合いもはじまらないと考えられている。そして福祉や子育てを語る場では、限定された課題に取り組むのではなく、その人の人となりを知るきっかけを得て地域へのつながり方を知り、豊かに生きる意欲を育むことをめざしている。

このような住民の活動の紹介を受けて、「第三章　一人ひとりの人生の質が高められる村をめざして」では、住民の学習と活動が盛んな阿智村の基本理念と自治体労働者の役割について、岡庭一雄前村長が考えてきたことを著し、阿智村の職員との鼎談にも臨んでいる。岡庭は「『住民自治』は一朝一夕にうまく実行できるものではなく、『住民自治』を進めるために必要なことは、全ての人びとが納得できる時間とお互いの主張を認めあえる寛容がなくてはならない。『自治』を合理的に運営するため、住民に代わって政治等を行う機関として設置した首長、議員、職員等は住民の『委託機関』であり、委託機関においても同じように配慮されなくてはならない」と述べ、鼎談では、国の政策と住民の暮らしの間で葛藤をかかえる自治体職員だからこそ、学び合う場が必要であり、労働組合がその役割を果たせるのではないかと意見交換がなされている。

そして、「第四章　自治をつくる学びと協働」では、社会教育・生涯学習研究所のメンバーが調査の中で重要であると感じたことと、第一章〜第三章の論稿をふまえて、住民主体の村をつくってきた経緯と仕組みを、智里西地区の開発計画や処分場建設計画、清内路の合併、村づくり委員会に焦点を当てて論じ、持続可能な地域づくりの取り組みとして、子育てや基礎学力の保障、平和への活動、若者の自己実現、婚活への地域支援に注目している。また、阿智村の職員でもある研究所メンバーは住民の学びを支える公務労働の実際場面を著し、地域づくりとは人びとが豊かに育つことが前提になることを阿智村が示していると指摘している。

住民主体の地域づくりについて、女性の活躍、産業振興、歴史・文化、平和、自治組織、議会、若者、福祉・子育て、ボランティア活動と多岐にわたって展開されていることと、その住民の活動を支える基本理念や職員の取り組みが紹介され、そこに研究者もかかわって、阿智村で起きていることの意義が確認されている。

「住民主体の行政」をめざした村政

阿智村が「住民主体」で地域・自治体をつくるようになるには、一九九八年から四期一六年間村長を務めた岡庭一雄の役割が大きい。岡庭は村長に就任するとすぐに阿智村第四次総合計画を策定し、そこで「目指す村の姿」を「住民一人ひとりの人生の質を高められる持続可能な村」と定めた。

ここに示された「人生の質」を高めるということには、自分たちにかかわることは自分たちで決めるという「自治」の思想が流れている。それは、戦前のように国家の末端として組織されるものではなく、「住民個々の基本的人権を守り高める」方向ですすめられなくてはならないと考えられた。しかし現実には、住民の立場や考え方はさまざまであり、自分の権利を守るとともに他者の権利も尊重しなければならない。そのことから、岡庭は次のように述べている。(59)

「自治」には、「決めたことはみんなで守る」という「拘束力」を伴う。十分な議論を経て決められたことはたとえ不服であっても従わなくては「自治」は成り立たない。しかし、このことによって基本的人権が侵されることがあるとすれば、基本的人権を保障するために「自治」に参加しているにもかかわらず阻害されてしまうことになる。それでも納得して決定に従うためには、決定過程において十分議論が尽くされ決定されたことに賛成できないまでも理解できることが欠かせない。そのために十分な議論ができる時間と機会が保障され、最低でも言論の自由が保障されなくてはならない。

このように、「住民個々の基本的人権を守り高める」ための自治を追求するためには、学習と討議と理解とゆるやかな合意が必要であり、多数決は自治にはなじまないという。

そして岡庭は、そのような「住民自治」を実現する具体的な方法として、次のような「住民主体の行政」という考えを打ち出した(60)。

まず、行政の側が「住民の要望を単に取り入れるのではなく、住民とともに考えながら必要な情報は常に提供し、住民からの提案を待ち、政策化する。事業等の計画、実施にあたって住民同士での協議や、決定を重視し、行政の都合でものを決めない」対応を重ねることで、住民自身に主体者としての自覚を高めてもらおうと考えた。

住民の多くは、地域づくり等に積極的に関わりたいと考えており、すでに、主体的に地域課題や、生活課題に対して、改善に向けて取り組んでいる。行政が、こうした住民にしっかり対応することで信頼されてこそ、住民が主体者として積極的に関わる契機になり、住民自治が広がっていくと考えたのである。

「住民自治」や「住民主体」という言葉によって、住民任せにして行政の役割を小さくしていくこともあるが、岡庭はそこで行政が力を発揮する必要を主張している。住民とともに考え、情報を提供し、住民の意向をかなえる政策を立案することで、行政は住民からの信頼をえることができ、その関係の中でさらに住民が主体的になっていくことがめざされたのである。

このような岡庭の姿勢が形成されていく過程で、熊谷時雄との出会いは大きかった。熊谷は自身が暮らす智里西地区の活性化のために、中央道園原インターチェンジ期成同盟会や智里西地区開発協同組合、昼神（ひるがみ）温泉協同組合、智里西地区自治協議会などで中心的な役割を果たしていた。熊谷は地区がよくなるためには阿智村がよくならなければならないと考え、役場職員であった岡庭と力を合わせることになる。一方で因習が残り、他方で理想論を語ることに終始することが多い地域の中で、熊谷は開明的にものごとを考え、それに財政的な裏づけを与えて新しい取り組みを行っていった。一方、岡庭は苦しい生活の中で不平等がなくならないものかと考えて役場に入職し、青年団や四Hクラブ、労働組合青年部などでの活動も経験して、土木事業や観光開発などで住民との対話を通した取り組みを行い、それが岡庭村政を誕生させる力になった。そして熊谷は岡庭村政を支えるために村議会議員となり、議員の学習を重視して、納得・合意にもとづく議会運営をめざした(61)。

岡庭は青年運動にかかわったことから公民館に関心をもち、統合中学校建設担当として教育委員会に配属されると、飯田・下伊那主事会に参加して、一九六五年に出された「公民館主事の性格と役割」（下伊那テーゼ）の策定の場にも立ち会った。そのようなことから、公民館を活性化する必要があると感じ、関係者と協力して職員や予算を確保し、公民館が中心となって年一回開催される社会教育研究集会で課題になったことが実現されるようになっていった。また、六五年から阿智村地方自治研究集会をひらいて、公務労働のあり方を集団的に議論する場を設けた(62)。そして今日でも、下伊那テーゼを念頭に置いて、「人間らしく生きるための権利への目覚めと、それを侵すものを乗り越える力と、より全面的な精神の発展を作り出す力を養うことを中心的な課題」として、社会教育の学習を考えている。[63]

このような岡庭の目から見ると、公民館が自治会の中に組み込まれることは、地域で大きな力をもつ自治会を批判的にとらえることができなくなるという点で問題であり、公民館は公教育として行政が住民に保障しなければならないという。その反面、岡庭は自治会や自治協議会は住民自治の砦として重要であるととらえ、行政の末端ではなく、住民の運動体であるかどうかがポイントであると指摘している。[64]

岡庭は村長を退任した後も、地方自治の改革動向に関心を寄せ、その中で社会教育の位置づけをめぐっても問題を指摘している。地方自治の政策がＤＸやＡＩを使って、自治体業務を標準化し、広域化するとともに、「プラットフォームビルダー」として「公共私」の「ベストミックス」をつくっていくことに向かう中で、「共」である地域自治組織への期待が高まっている。それに歩調を合わせるように、個人の主体性や主権者意識をないがしろにして、地域で協働する力を第一義的に考える社会教育論が台頭してきているが、あくまでも教育は個人の主体形成や主権者意識を育むことを第一義的に考えるべきであるという。[65]

学びで共通認識をつくる仕組み

このように阿智村では、さまざまな課題をもつ住民が学習を通して共通認識をつくり、そこで出てきた課題を自治体職員もともに考える仕組みがある。地区の計画づくりや広報説明会、村の予算概要の配布を通して、住民が地域課題を自覚して、それを職員とともに考えることができ、公民館や社会教育研究集会で取り上げられることで、その課題を全村的に共有し、解決に取り組もうとする住民の出会いが生まれる。そして、具体的な活動は村づくり委員会や地域自治組織で取り組まれ、協働活動推進課がそれを後押しして、議会は政策をつくる。このようなことを通して、課題に取り組む住民のエネルギーが蓄積され、職員も住民とともに活動する意識をもち、そのことが労働組合で交流されている。これらはすべてが常に活発であるというわけではなく、盛衰があることは否めないが、地区計画づくり、広報説明会、公民館、社会教育研究集会、村づくり委員会、協働活動推進課、労働組合が総合的に機能して、地域・自治体づくりが展開されている。[66]

その中でも特徴的な「村づくり委員会」は、「持続可能な発展の村づくりのために、村民が自発的に行う村づくりの事業」であり、五人以上の住民が集まって協働活動推進課で登録すれば、講師謝礼や視察研修、印刷製本、消耗品などの費用を村から支出される。一事業あたり一〇万円までの支援がなされ、年間一〇〇万円が予算化されているが、必要があれば協働活動推進課に相談し、さらには役場の各部署と相談することができることも大きなメリットである。この仕組みを使ってこれまで、図書館の設置、阿智中学校体育館を社会教育でも活用するための工夫、知的障害者授産施設「夢のつばさ」の開設、農家レストラン「ごか食堂」の開設、有機農業への取り組み、Iターン者を支援するグループの立ち上げなどが取り組まれてきた。[67]

ここで注目すべきことは、はじめは少数の人の思いだったものが、学習を通して、その意義を深め、現実的な計画を立て、社会教育研究集会などの場で発表することを通して、地域の中で多くの住民から理解を得て合意をつくっていくということである。また、このような学習と計画策定と情報発信を通して、活動にかかわる住民のネットワークが形成され、そのことで当初の目的を達成した後も新しい展開があることも注目される。

阿智村では社会教育研究集会にも力を入れている。社会教育研究集会は一九六七年に「村の中でおきている、いろいろな問題を取り上げ研究しあう」ためにはじまり、実行委員会をつくって公民館との共催で開催されている。半日は全体会で講演会やシンポジウムがもたれ、半日は五つ～八つの分科会に分かれて地域課題に取り組む実践が交流されている。近年では各分科会で事前学習会や視察ツアーを行って社会教育研究集会に臨むことも多くなっている。

社会教育研究集会の資料集は各分科会の報告が集約されておよそ一〇〇ページのものになるが、それらをつなぐ大きな課題が「基調提案」として記され、集会で読み上げられる。たとえば、政府が出した「まち・ひと・しごと創生総合戦略」によって、小さな自治体で暮らすことへの展望がゆらぎそうになった時には、政府の人口推計の杜撰さを指摘するとともに、若者がどういう地域に魅力を感じるのかを話し合い、一人ひとりの生き方への思いを実現できる「つながり」が重要なのではないかと課題を提起している。(68)

阿智村では、公民館や体育館における趣味や教養、スポーツの講座は、低額で登録して実費程度の受講料で参加できる「チャレンジゆうＡｃｈｉ」が担い、補助金で運営されている。したがって、公民館が力を入れて取り組むことは地域課題を考える場をつくることであり、住民の間に地域で何か問題があれば学習会がひらかれるという認識がある。そのために、中央公民館の公民館運営審議会や各館の企画運営委員会では、地域の諸団体と館長および主事が参加して、地域課題を協議しながら学習計画が立てられている。したがって、社会教育研究集会を実行委員会と共催することは、それらを集約するという意味で大きな意味をもっている。

そして、村づくり委員会や協働活動推進課、社会教育研究集会、公民館とも連携して、全村博物館構想の実現がめざされている。これは、エコミュージアムにヒントを得て、地域の歴史や習俗、景観、産業、文化、暮らしなどを住民が貴重なものと考えられるようになるとともに、それを村外に発信しようとするものである。二〇〇五年に「全村博物館構想策定委員会」が発足して、村づくり委員会に登録し、〇六年に「阿智村全村博物館構想」が出され、阿智村第五次総合計画の柱となり、社会教育研究集会でも取り上げられた。

当初は住民の中でイメージがつかめず、見せるものがあまりないという意見もあったが、次第に地域にあるものの豊かさに気づくことができるようになっていった。歴史・民俗学にかかわるものに加えて、「ひなまつり街道」「花桃まつり」「栗矢無礼講」「清内路花火」「ごか食堂」「清内路かぼちゃ」など比較的新しい取り組みや特産品も位置づけられ、さらには、養蚕の記憶を呼び覚ます取り組みや満蒙開拓の聞き書きなども加えられるようになった。(69) また、阿智高校の生徒が全村博物館の活動に高校生のアイデアでかかわることを通して、住民が若い世代とのかかわりで活気づき、高校生は人びとの暮らしと心にふれることでこれまで気にとめてこなかった地域で生きるということを考えるきっかけとなっている。(70)

このような村づくり委員会や社会教育研究集会、全村博物館の取り組みで、地域の課題や住民の思いが共有され、それを協働活動推進課や公民館など行政が支えている。このように学びで共通認識をつくることで、自治組織での取り組みが活発になり、環境や平和への取り組みが広がり、女性が活躍できる場が生まれ、困難をかかえた人の願いもかなえられている。

住民と協働する公務労働

阿智村では住民自治を尊重し、それを支えるために協働活動推進課が設置され、公民館も住民が主権者として活動することにかかわっている。そこでは住民の意見に敏感に反応して、必要があれば取り組みの軌道修正も行われる。

たとえば、「つながる福島ジュニアユースキャンプｉｎあち」に取り組んだ時には、住民のかかわりが細分化されたために何のためにこの事業を行っているのかわからないという声が出され、それに対応して現地の訪問やその報告をすることで、事業の意義が確認され、新たなつながりが生まれるきっかけをつくっている。(71) また、地区計画策定にかかわった時には、住民との話し合いで課題は見えているにもかかわらず解決の方法が見えないのは、職員の連携が不足しているからだと考え、職員が住民の願いを仲立ちとしてつながっていく場として、労働組合と並んで公民館が重要であることを発見する。[72]

その点、公民館活動と労働組合が大事だと思う。当初、私はその場を主に労働組合に求めていたが、次第に公民館活動も重要だと思うようになった。何の気なしに、仲の良い職員を公民館の行事に誘い、参加してもらったところ、住民の皆さんがいろいろ話しかけてくれてあっというまに関係ができていった。そして職員の住民観も大きく変わった。これは組合において「住民自治」や「協働」について説明するより、ずっと早く感覚的にその意味をわかってもらえるのではないかと思った。（中略）こうした取り組みは職員にとっても業務から離れているので比較的参加しやすい。フラットな関係のなかで名前を持った個人として職員が認識され、地域に居場所ができていく。

このようなことを通して、演劇で満蒙開拓の歴史を描く「村民劇プロジェクト」や「つながる福島ジュニアユースキャンプｉｎあち」の取り組みに職員が参加することになった。職員が業務と離れて半ば一住民として活動に参加しながら、それが住民の願いをかなえる自治体職員のあり方を考えるきっかけとなっている。

阿智村の職員が住民と出会い、「住民主体の行政」をつくるきっかけはほかにもある。小さな自治体であることもあって、一人の職員が多くの役割をこなし、そのために自治体の仕事の全体像が理解できる。また、年四回の広報の発行に合わせて行われる担当地区での「広報説明会」や役場の日直業務を通して、住民と顔の見える関係がつくられ、職員によっては、「村づくり委員会」に参加して、住民とともにまた住民として学ぶ機会をもっている。このような中で公務労働者としての働きがいが形成されているという。[73] それは今日の自治体をめぐる状況の中で簡単にできることではないが、自治体職員として育つことが次のように語られている。[74]

> 行政が自治からサービス業へ変貌し、住民の意識もサービスの受け手として変質していくなか、住民自治はますます後退している。効率や成果主義に職員が振り回されれば、住民と時間をかけて話し合い、学びあい、住民同士合意をつくりながら丁寧に村をつくっていくことができなくなってしまう。（中略）しかし、先輩の姿から学んだ職員は、住民との学びあいをつくる努力を重ねている。そして「阿智村なら自分たちのやりたいことが実現できそうな気がする」と言ってくれる住民がいる。住民と共に学びあいながら自治体労働者として成長し、共に平和な歴史を切り拓く一人になっていくことが、阿智村がめざした「社会教育の村」の職員像であったはずだ。

このように住民とともにまた住民として学ぶ公務労働者であるということから、阿智村の職員は住民としての生活感覚をもちながら公の場でも発言をする。たとえば、阿智村と合併した清内路の活動をめぐる座談会では、花火の奉納や消防団、青年団の活動で地域に貢献することが目的で転職を決意して役場職員になった経緯が語られ、自分たちのことは自分たちで精一杯考えて取り組む清内路の人たちの気風が生活していて楽しいという感覚があり、そのことに職員としてかかわりたいという発言がある。[75] また、役場職員として心血を注いでつくった満蒙開拓平和記念館で、定年退職後にガイドボランティアとして活躍している人がいる。住民の輪の中で「人権を持ち、有権者である住民の自覚と、現代人が持っていると思う『我が戦争責任』を問い訴える毎日」を送っているという。[76]

このように、「住民主体の行政」のためには、職員が住民を啓蒙するのでもなければ、住民任せにしてしまうのでもない、高いレベルの公務労働が必要である。それは住民と真摯に向き合い、自らも不断に生活と労働の課題の改善に取り組む一人の住民であり、労働者であることから形成されてくるものである。そして、地域づくりの中核的な学習・文化施設としての公民館では、そのような住民と職員の学び合いが展開されている。

男女共同参画計画における「状態調査」から「計画策定」へ

阿智村は「学びと協働」で自治を育む取り組みを行ってきたが、そのための仕組みが常に順調に機能したわけではなく一定の盛衰がともなうものであった。その中で大きな課題として「男女共同参画」があった。「村づくり委員会」や社会教育研究集会、公民館活動で女性が活発であることから、逆に、地域社会における男性と女性の関係をめぐる議論がこれまで十分には掘り下げられてこなかった。

このような中で、二〇二一年度に阿智村でも男女共同参画の計画を策定することになり、協働活動推進課が担当することになった。当初はコンサルタントによる調査から計画を策定することが想定されたが、それに加えて、住民が中心となった検討委員会を設けることになった。検討委員会は、「家庭」「労働」「地域」の三部会に分かれ、各部会に若手の男性職員が一名加わる体制がつくられた。

このようにして発足した阿智村男女共同参画基本計画策定検討委員会（以下、計画策定委員会）では、阿智村をもっと住みやすい村にするために活発な取り組みが展開された。その一つが「状態調査」である。阿智村の取り組みに注目してきた社会教育・生涯学習研究所では、高知県四万十市職員労働組合で取り組まれていた「状態調査」を学び、時に実践してきた。「状態調査」とは、住民の暮らしや地域の課題について、話し手と聞き手の共同作業によって、本質的な問題を明らかにするとともに、実行がともなう計画をつくるための手法である。自治体職員が聞き手になるのが一般的だが、ここでは計画策定検討委員である住民が、話し手との共同作業で課題を抽出しようというのである。

そのようなことから、筆者もアドバイザーとして計画策定委員会に参加することになり、次のような報告やコメントを行った。

第一回の計画策定委員会（二〇二一年一〇月二六日）では、男女共同参画の必要性とその計画を住民がしっかりかかわってつくるための方法を伝える必要があった。そのようなことから、報告資料「阿智村男女共同参画基本計画の策定に向けて」を用意して、①男女共同参画がなぜ必要なのか、②人が動く計画策定に必要なこと、③状態調査の方法とまとめ方についてレクチャーした。①では、男女共同参画で一般的に話題になることを知らせることに加えて、「いきいきした女性とともにいきいきできる男性もいて地域がいきいきとする」ことを強調し、②では、身近なリアルな情報に接して人は動こうとすることと、そのように動き出した住民と一緒に考える職員の役割が重要であることを伝えた。そして③では、何とかしたいと思える「いい話」は聞き手と話し手の共同作業で生まれるという状態調査の考え方を説明した。

第二回の計画策定委員会（二〇二一年一二月二三日）では、三部会が行った状態調査から、「家庭・子育て」について五七件、「仕事・働き方」について三六件、「地域活動」について六四件、合計一五七件の意見が汲み取られ、計画策定委員の意欲が高まっているとの報告を事前に受けた。そこで、コメント「阿智村男女共同参画基本計画のこれから」を用意して、①「状態調査」をしてどうだったか、②見えてきた計画の柱について話した。①では、女性たちの我慢、諦め、憤り、迷い、提案が鋭くとらえられていて、男女共同参画の取り組みの遅れが浮き彫りになる一方で、すぐにでも動き出そうという気持ちが生まれているようなので、それをこれからの取り組みに生かしてほしいと話し、②では、三部会が汲み取った生々しい意見を整理して、計画の柱を次のように仮説的に立てた。

（1）仕事と子育ての両立の難しさ
（2）家庭生活と地域活動の両立の必要
（3）祖父母が協力していることをめぐって

(4)家計管理と女性が使えるお金
(5)他者からの言葉によるハラスメント
(6)自治会や村政審議会での女性の立場
(7)ひとり親家庭や障害児を育てている家庭などへの配慮
(8)調査・学習・発表・交流の活性化で希望の実現
(9)子育て中の孤独を解消する支援
(10)行政・施設の職員の寄り添い
(11)行政・施設における女性課長の積極的登用
(12)事業者と協議する課題
(13)長年の慣習から影響を受けている女性の意識
(14)ヒアリングで把握されていないけれど一般的に問題になっていること

第三回の計画策定委員会（二〇二二年二月二五日）では、担当職員から計画の素案が出されたことを受けて、コメント「阿智村男女共同参画基本計画案を拝見して」を用意して、①女性が元気に活動している裏側で起きていたこと、②男女共同参画による明るい地域づくり、③団体・機関別の取り組むべき課題、④状態調査で生の声を聞いた者として考えたいことを話した。①では、公民館やまちづくり委員会、社会教育研究集会の中で女性の課題に取り組んできたが、家庭、職場、行政、地域社会という大きな取り残してきた領域が発見されたことを指摘し、②では、劣位に置かれてきた人の意見を尊重すると優位にある人には痛みをともなうが、それ乗り越えて明るい雰囲気が生まれ、人間の成長と地域社会の発達がはかられることを強調した、そして③では、事業所や地域団体への要請だけではなく、公的機関やサービスにも改善すべき課題が見えてきたことを指摘し、④では、策定された計画を推進するために、計画策定委員は今後も活動を継続する必要があるのではないかと指摘した。

阿智村男女共同参画基本計画は行政計画であることから、計画策定委員会に住民が参加したものの、最終的には役場の各課の意見や議員への説明を経て、二〇二二年三月に決定された。そこでは、行政計画としての体裁を整えながらも、一方で住民の学習を基盤に「住民主体の行政」を推進し、他方で「状態調査」を通して厳しい女性の現実が浮き彫りになったからこその記述が随所にみられる。「計画の基本理念」は次のようである。[77]

> 阿智村は第六次総合計画において村づくりの理念を「暮らす、生きる。阿智家族　住民一人ひとりの人生の質を高められる持続可能な村づくり」と定めています。この理念を実現するためには一人ひとりが尊重されるとともに、暮らしの質を高めたり、自己実現したりする権利や機会が保障される必要があります。その権利や機会は性別に関わらず保障されるべきものです。
>
> しかし現状では生き方の選択や、行政、地域との関わり方は性別によって差があると言わざるを得ません。村民意識調査によると「社会全体において男性優遇」と感じている人は六七・七%に上ります。ヒアリング調査によると、「女性の声が軽く見られている」「仕事や地域活動をしたくても家庭との両立が難しく、望むようにできない」「地域で暮らしていながら子育て中に孤独を感じている」といった声がありました。
>
> 多くの人が多かれ少なかれ「女性だから」「男性だから」といった考えを無意識のうちに持っています。大切なことは学習したり、他者と話したりすることで、そういった思い込みに気づいていくことです。自らの人権と、自分とは違う立場の人たちの人権について理解を深め、すべての人の人権が尊重されることが必要です。また多様な人が自分らしく暮らせるためには、家庭で担っている子育てや介護などを支える社会基盤を整備するとともに、地域活動の

あり方や慣例、慣習を現状に合わせて変えていくことが必要です。
本計画は行政が主体となって進めるものですが、男女共同参画社会は行政だけでは実現しません。住民と話し合い、住民の活動を支えながら、誰もが暮らしやすい社会を目指します。

ここではまず、自己実現の権利や機会は平等でなければならないにもかかわらず、現状は「男性優遇」社会になっているという調査結果を紹介して、その根本に無意識のうちに形成された意識があることが指摘され、立場の異なる人の人権を尊重するために、学習や話し合いが必要であることが謳われている。また、意識の変革だけでなく、女性を生きづらくさせている子育てや介護、労働などについて、行政サービスも含む社会基盤を整備することが提起されるとともに、地域活動の慣例や慣習も持続可能なものにする観点から現状に合わせて変えていく必要が指摘されている。

また、計画の構成は〈**表３**〉のようである。

「基本目標」では「状態調査」で汲み取った現状と課題がリアルに指摘され、「施策の方向性」では具体的な「取組」が示されるとともにその内容が明らかにされている。また、それぞれの「取組」について、行政、事業者、教育関係者、住民のどこが推進主体となるのかが示されるとともに、それを支える行政の部署が明記されている。(78)

「阿智村に自治と協働を学ぶ学生セミナー」と「現代生涯学習研究セミナー」

社会教育・生涯学習研究所では、阿智村の調査をすすめ、住民と前村長、職員、研究者の共同で『自治が育つ学びと協働　南信州・阿智村』（自治体研究社、二〇一八年）を刊行した。そこでは、住民の学習と活動、そし

4 持続可能なコミュニティワーク・ライフ・バランスの実現	①持続可能な消防団活動	消防団の活動内容検討
	②持続可能な地域活動	男女共同参画の視点から自治会活動を検討 男女共同参画の視点から団体活動の活動再確認の提起
	③地域活動への女性の参画	女性の地域活動参画の機会創出 女性の参画が少ない分野の学習機会創出
	④防災組織への女性の参画	女性の自主防災組織への参画推進
5 男女共同参画による政策立案・決定	①審議会，委員会における女性の積極的任用	審議会，委員会等への女性の積極的任用 クオーター制度に関する学習会 男女共同参画の視点から団体役員の決め方を見直すことの提起
	②女性リーダーの育成	地域で活躍するための女性リーダー研修
6 ハラスメントのない地域・職場・学校・家庭に	①セクシュアル・ハラスメントの防止	集落単位でのセクシュアル・ハラスメントに関する学習会の実施 事業者向けセクシュアル・ハラスメントに関する啓発
	②各種ハラスメント被害への対応	様々なハラスメントに関する相談窓口の周知
	③子どもの人権保障	公的機関における第三者評価と研修の導入検討 学校教育における人権学習の実施
	④多様性が認められる地域社会	性の多様性の理解と尊重 人権や多様な生き方に関する学習会の実施
	⑤DV，児童虐待防止対策の推進	DV相談体制の充実 DV防止のための相談提供と相談窓口の周知 デートDVに関する学習
7 住民の協働活動を支える行政・社会教育	①参加しやすい村政懇談会	参加しやすい村政懇談会の実施
	②住民による協働活動のさらなる支援	村づくり委員会をはじめとする制度の活用 公民館における住民による活動への積極的参加
	③住民と行政が連携して取り組む男女共同参画	住民が取り組む男女共同参画への連携

表３ 阿智村男女共同参画基本計画の構成

基本目標	施策の方向性	取組
1 家事･育児･介護における男女共同参画	①男性の家事育児に関する学習機会や情報提供	男性が家事に主体的にかかわる機会の学習・情報提供 男性が育児に主体的にかかわるための学習・情報提供
	②性別役割分業解消に向けた学習活動，情報提供	性別役割分業解消に向けた学習会・啓発 高齢者世代の男女共同参画への理解促進
	③学校におけるジェンダー平等教育の推進	学校におけるジェンダー平等教育の推進
	④家事，育児，介護といったケア労働の価値や意義の確認	ケア労働に関する学習，啓発
2 出産･育児･子育てへの社会的サポート	①子育てにおける孤立の防止	産前から子育て中の親同士のつながりづくり 地域における女性のつながりづくり 養育者の状況に合わせた支援体制
	②乳幼児期の子育てを支える	子育て支援体制の検討委員会設置 未満児保育の拡充 父親が子どもを連れて参加する場の設置 子育てに関する場への父親の参加促進
	③子育てしやすい村づくり	子育てに関する情報提供の強化 子どもの育ちを保障するための制度の検討 家事サポート制度の検討
	④性教育の実施	家庭で性教育をするための学習の場づくり 年齢に応じた性教育の保育園，小中学校での実施
3 男女のワーク･ライフ･バランスの実現	①性別にかかわらず働きやすい職場の実現	職場内での休暇制度周知と情報提供 男女共同参画推進モデル企業 自らの将来設計作成の推進
	②男性の育休取得率向上	民間企業への男性育休取得に関する啓発 男性育休に関する啓発・学習機会の実施
	③農林業における女性の活躍	農林業における女性の活躍

てそれを支える公的体制と職員の働き方をいきいきと描くことに努めたが、そうする中で、阿智村の取り組みを社会教育職員や公務員をめざす学生に体感してもらうことができないかと考え、二〇一七年から「阿智村に自治と協働を学ぶ学生セミナー」を開催してきた。当初は阿智村に集まって一泊二日のプログラムで開催したが、新型コロナウイルス感染拡大後はオンライン開催となっている。毎回、社会教育・生涯学習研究所の活動に参加している教員のもとで学んでいる学生が、一〇大学くらいから二〇数人参加している。

およそのプログラムは、①阿智村で活動している住民へのグループに分かれてのインタビューとディスカッション、②阿智村の概要と職員の仕事に関するレクチャー、③岡庭一雄前村長による地方自治に関するレクチャー、④満蒙開拓平和記念館の訪問（オンライン開催の場合は関係者からのレクチャー）、⑤全体討議であり、現地で開催される場合には、民泊で住民との交流も行ってきた。①では、住民主体でどのような活動が生まれているのかを自分たちで探り確認することをめざし、②では、そのような住民の活動とどのように向き合って職員は働いているのかを理解してもらうことをめざしている。そして③では、住民の主体的な活動と職員の協働をすすめるためには「住民自治」と「団体自治」を両輪とする地方自治が重要であることを学ぶとともにそれが政策的に実践しにくくなっていることを学び、④では、公務労働が誤って機能した結果、満蒙開拓に多くの人を送り出した歴史を学んでもらうことをめざしている。活発な住民の学習と活動があることだけを学ぶのではなく、それを支える自治体と公務労働のあり方を学んでもらいたいと考えている。

第一回の開催にあたっては、阿智村が「住民一人ひとりの人生の質」を高められるように「住民主体のむらづくり」をめざして、行政と議会と住民が一体となるために、「村政懇談会」「議決説明会」「広報説明会」「村づくり委員会」「社会教育研究集会」などの仕組みがあることを説明した後で、「『住民主体の村づくり』のキーワードは『自治』と『協働』と『社会教育』であると思います。将来、社会教育の現場や自治体で働くことを考えているみなさん、このような村づくりをすすめる阿智村に学ぶことは、全国でこれからの『まちづくり』あるいは『地方創生』を住民主体ですすめる大きなヒントになるはずです」と挨拶されている。(79)

また、筆者は二〇二一年のセミナーで「いまなぜ阿智村なのか」というレクチャーを行い、九条俳句訴訟で住民を敵視する公務労働の姿が露わになり、高齢社会の中で専門家や政府が決めた対策に住民が協力を求められる中で、地方自治のあり方が問われているだけに、本当の自治の考え方とそれにもとづく活動を体感してほしいと話したうえで、「住民と行政が学びあうことで何が起きるのかを学ぶ」「岡庭一雄前村長から地方自治の考え方を学ぶ」「満蒙開拓の歴史を通して『戦争・侵略と地域・自治体』について学ぶ」「グループワークで自治と協働を対話的に学ぶ」とプログラムの趣旨を説明した。(80)

このようにして、阿智村を題材にして「自治と協働」のリアルな姿を学生に伝える取り組みを行ってきたが、社会教育・生涯学習研究所では、研究者と公務労働者が共同して正しい「自治」のあり方を学ぶ実践を各地に広げ、そのネットワーク化ができないかと考えている。

また、一九八九年にはじまった「現代生涯学習研究セミナー」が、基本的には阿智村を会場として継続して開催されてきた。そこでは、国の生涯学習政策を地域・自治体からとらえ返し、実践と理論の結合をはかるために、二泊三日で「現代生涯学習の国際的動向」「地域生涯学習の創造」「学校の変革と生涯学習」を柱にじっくりと議論してきた。(81) このセミナーは特定の団体が主催するのではなく、開催したいと思う人による運営委員会方式で取り組まれてきたが、第三一回(二〇一九年)から社会教育・生涯学習研究所も運営委員会に参加することになった。また、開催地となってきた阿智村に優れた実践があることから、阿智村に学ぶとともに阿智村も学べることを意識し、阿智村が直面している地方自治の動向にも目を配るとともに、生涯学習の国際的潮流と優れた実践の背景にある理論や思想を交流することをめざし、およそ三〇人の参加者を得た。(82)

現代生涯学習研究セミナーは新型コロナウイルス感染拡大のために、二〇二〇年は中止となったが、二〇二一年と二二年はオンラインで開催された。オンライン開催であまり長い時間は行えないということから、二一年度は優れた実践に学ぶ一セッション、[83]二二年度は地方自治の動向と優れた実践に学ぶ二セッションを行い、[84]それぞれおよそ五〇人の参加者を得た。二〇一九年以降、阿智村の実践を直接取り上げて議論することは行われていないが、地方自治に関するセッションでは岡庭一雄前村長が阿智村で自治をつくることにこだわってきたことが報告された。また、優れた実践として報告された長野県松川町も長野県旧望月町も、住民の暮らしと文化を尊重した学びの展開という点で、阿智村で取り組まれてきたことと共通するものであった。

社会教育・生涯学習研究所は、息長く調査に取り組み、優れた価値を発見して、阿智村の関係者と書籍を刊行し、さらに社会教育の現場や自治体で働こうという学生に自治を体感し考える機会を提供してきた。また、阿智村を常に意識することで、全国の社会教育の実践者と研究者に実践理論を考える機会を提供することに努めてきた。社会教育・生涯学習研究所の調査も、「阿智村に自治と協働を学ぶ学生セミナー」での学生の受け入れも、「現代生涯学習研究セミナー」による研究交流も、受け入れる阿智村の負担があるだけに、受け入れることで阿智村が活気づき、さらなる発展につながるようなかかわりをめざしてきた。

自治を支える学習機会の構造

これまで述べてきたことをまとめると、住民の暮らしと学習と自治体と自治体理念の構造は〈図2〉のように考えられる。

阿智村では「人生の質を高められる村」になることがめざされているが、そのために、住民のためにならない国の施策をくい止めるとともに、自分たちにかかわることは自分たちで決定して取り組み、行政はその支援を

図２　阿智村における住民の暮らしと学習と自治体理念

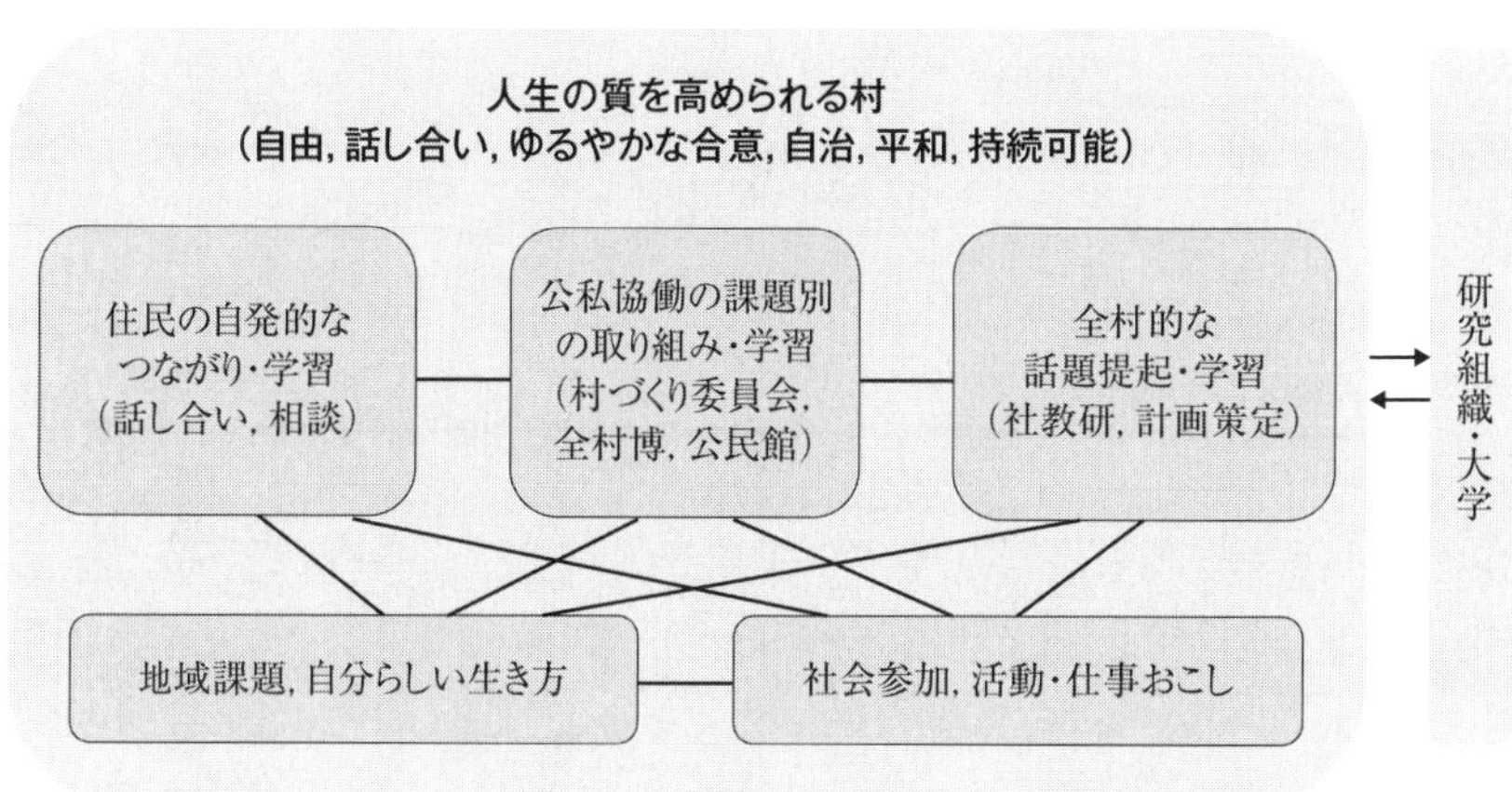

行うことに努めている。そのために、自由な学習や意見表明を尊重して、意見が異なる場合には話し合いを通してゆるやかな合意をつくることに努め、そのようにして高まっていく自治の力で、平和で持続可能な暮らしをつくることがめざされている。

このような中で、自治組織での取り組みの活性化や女性が活躍できる場の創出、古い町並みの保存と活用、障害のある人の生きがいと安心できる暮らしなど、住民が地域課題や自分らしい生き方を考える動きがあらわれ、その結果、自ら社会参加したり活動を組織したり、場合によっては仕事やなりわいにつなげたりしている。

ここで阿智村に特徴的なことは、そのような住民の暮らしの課題や思いを職員が受け止めて、学習を通して地域全体の課題として理解を広めながら具体化を支援していることである。その学習は、住民同士の話し合いや行政との相談というかたちもあれば、村づくり委員会に登録しての学習活動や全村博物館としての取り組み、公民館での学習など住民と行政の協働による課題別のものになることもある。また、そのような課題と取り組みを多くの住民に知らせ全村的に取り組むために、社会教育研究集会で取り上げて話題提供する機会を設けたり、村として計画策定を行ったり、議会で決定したりしている。

そして、このような学習を基盤とした「住民主体の行政」の意義を確認し発展させるために、研究組織の調査を受け入れ、意見交換を行い、共同で社会的発信を行っている。とりわけ、自治体サービスを広域化・標準化する自治体改革の中で、地域から公務労働者が引きはがされようとしていることを問題として、住民とともに学びながら支援を行う公務労働の有効性を、社会教育の実践者と研究者、さらには大学生にも伝えて広げることに研究組織と連携して取り組んでいることが注目される。

4　歴史的背景をもつ社会教育実践へのアクション・リサーチ

アクション・リサーチをすすめるために

ここまで、名古屋市にある「学習障害児・者の教育と自立の保障をすすめる会」と「人生の質を高められる村」をめざす長野県阿智村を事例として、実践の経緯や理論的・社会的背景をふまえ、実践者が書いてきたことに学びながらも、アクション・リサーチをめざす取り組みとして紹介してきたが、そこで筆者が考えたことは次のようなことである。

第一に、実践をリードする気持ちを抑えて、実践の流れを阻害しないようにするということである。その中では、たとえ筆者が有益な助言をできなくても、かかわるだけでも緊張感をもって実践が展開されるかもしれないと考え、助言を求められた場合も、課題の指摘よりもその活動の意義を確認するような話をして、学習者や職員がその実践に確信をもつことができるようになることを心がけた。

筆者の経験では、実践にかかわっていると、準備会への参加やファシリテーターの役割を与えられ、そうすれば報告書の執筆や冊子の編集を求められることもあれば、その実践にかかわる研究会での発表や関連する審議会の委員を依頼されることもある。一方、依頼はされなくても、報告書や冊子を普及することに努め、実践が書籍として発行された時には『月刊社会教育』に書評を掲載してもらうこともしてきた。さらに、学生を参加させることで活気づけることが期待されることもあれば、役割が与えられていない時でも活動に参加する必要があることも感じてきた。

自分の仮説を前提に、資料の提供を求め、インタビューをすれば、まとまりのある研究を効率的に行えるのかもしれないが、実践の流れの中に身を置き、求められることに何とか応えていく中で、その先駆性や意義を察知して、それを住民や職員に伝えていくことは、研究者の認識の変容をともなう研究につながると考えられるようになった。

第二に、実践者が研究者に先立って論稿を書き、場合によっては実践者が執筆できる機会をつくったり、執筆を支援したりすることが大切であるということである。優れた実践を展開しそこに研究者も巻き込むのは力量の高い実践者であり、実践の経緯やその中で感じ取ったことを発信する力ももっている。

筆者がかかわってきた中では、実践者が社会教育や保健衛生、障害者教育などそれぞれの分野の雑誌や記録集に実践を発表するということがあった。また、筆者と実践者がともに参加している社会教育・生涯学習研究所の刊行物で実践者が発表することもあった。そして、社会教育・生涯学習研究所として書籍を刊行する時には、実践者が執筆することを大切にし、さらには住民に執筆してもらうためにインタビューから原稿にしていくということも行った。

このようにすると、研究者が書ける部分が小さくなり、自分は何を書けばいいのか不安になる。しかし、実践をつぶさに知っている実践者や住民が先に執筆してこそ、研究者が書くべきことが見えてくる。そのような条件の中で有効なことを書き、実践に貢献できる力量を養っておくことが必要だと考えるようになった。

そこで研究者が書くべきことを考えた時、複数の実践を視察することができる立場にあることから、それらを比較するということが考えられる。しかし筆者の経験では、それが表面的なことになれば、かかわっている実践を突き放したかたちになるということがある。安易に他の実践と比較するのではなく、かかわってきた実践を歴史的・社会的に見つめ、その実践を生み出してきた力学にせまることを中心に考えることが必要ではないかと考えている。

第三に、アクション・リサーチを受け止めてもらえる基盤をつくりながら研究をすすめることが必要であるということである。研究の成果は本来、直接的であれ、間接的であれ、新しい政策の立案や優れた実践の広がりに貢献するものでなければならない。ところが今日、論文や著書で著したことが政策立案者や実践者に届きにくいということがある。したがって、自分の研究を受け止めてもらえる状況を意識的につくることが必要になってきている。

一般的に、研究者が国や全国規模の団体を動かす機会はなかなか巡ってこない。また、そのような機会があっても、そこでは複雑な力学が働いて、研究者の提案が歪曲されることも多い。だからといって、政策や実践に反映されることを放棄して研究を続けることがいいともいえない。その意味ではまず、小さなレベルで自分の研究を受け止めてもらえる関係をつくることが有効であり、そのために自分がかかわる実践において、研究者が認識変容をともなう実践者との共感的な研究をすすめ、そのことを大学の授業で学生に伝えて受け止めてもらうことが大切である。そして次に、そのような関係から自分の考えに確信を得て、志を同じくする研究グループや社会・運動団体、学術団体へと同心円的に広げていくことが必要である。

その意味では、筆者は実践とのかかわりを基盤にして、社会教育・生涯学習研究所や現代生涯学習研究セミナー、障がい者生涯学習研究会でその意義を確認し、『月刊社会教育』編集部や社会教育推進全国協議会などにつなぎ、学会での発表にもそのことを反映させる機会があったことに感謝しなければならない。ふり返ってみると近年は、このように小さなレベルで自分の研究に確信を得ながら、それを大きなレベルの動きにつなごうとすることで、研究の意欲を保ってきたように感じている。それにともなう負担は大きく、論文や著書を淡々と書いていきたいという気持ちが起きることもあるが、筆者の場合は、研究を続けるエネルギーがここにあると感じている。

アクション・リサーチによる〈共生と自治〉への確信

最近筆者は、以前から考えてきたことに見晴台学園大学と長野県阿智村を中心に、そこから派生する取り組みにも学んで原稿を書くことが多い。

〈共生〉に関しては、教育福祉は学校教育と社会教育の連携が必要であると指摘してきたが、[85]見晴台学園大学にかかわることで、社会教育としてのプログラムづくりや障害のある人の在学期間の延長を含む教育権保障の実践から、「学校から社会への移行期」に焦点を当てることが重要であると考えられるようになった。[86]具体的には、プログラムをすすめるうえでの留意点としては、①企画・運営を行う実行委員会も学習の場として大切にすること、②改まった場のもつ意味を大切にすること、③自分の人生のふり返りは肯定的なことに気づくことを中心にすること、④ワークショップは個人での作業とみんなに聞いてもらうことを組み合わせること、⑤講演についてはグループでの話し合いを通して質問に練り上げること、⑥新しい経験・楽しい経験をすることも大切にすること、⑦日常の生活の場での信頼関係を基盤にすること、⑧職員も支援者もともに学ぶことの必要性がよくわかった。[87]また、在学期間延長のためには中等学校と大学・専門学校と社会教育がそれぞれに変わっていく必要が理解でき、そういう視点に立てば、貧困や障害、差別が原因となる教育上の不利益の解消ないし緩和につながる仕組みはさまざまに構想でき、それこそが「総合教育政策」の今日的な課題であると指摘できるようになった(88)。

一方〈自治〉に関しては、それは人びとが成長・発達するうえで重要ではあるが、権力的に包摂される危険があることから、どのような歯止めをかけながら住民参加をすすめればいいのかを考えてきた(89)。このことについて、阿智村の取り組みからコンパクトに指摘する機会があり、まず、村政に反対の立場も認める自由な学習と情報のわかりやすい説明、そして予算編成の初期の段階からの住民参加が必要であり、さらに、学び合いによる緩やかな合意によるマイノリティの尊重と多様な価値観や表現を認める自由と応答し合う関係を指標として掲げてみた(90)。しかし今日の地方自治をめぐる状況は、このようなことは考慮されず、職員を自治体の中心部に集め、手薄になった地域を住民参加で埋めることが構想されている状況にあることを学んだのも阿智村とその関係者からである(91)。

そして〈共生〉と〈自治〉を結びつけることが重要であるということに確信をもつことができるようになった。共生の課題である教育福祉の取り組みは、かつては、児童養護施設で暮らす子どもの高校進学を求める運動のように、教職員や公務労働者、福祉職員の社会運動の側面をもちながら展開されてきたが、今日では、子ども食堂や学習教室のように、住民やNPOによる実践として展開されるようになり、地域づくりとのかかわりを深くしている(92)。このように、組織的な運動が弱くなり、住民参加が注目されるようになると、実践の中での関係形成について語られることが多くなり、そこから共生できる地域づくりがめざされる。しかし、見晴台学園大学が中心となって取り組んでいる障害のある人の生涯学習にかかわると、制度的・社会的な課題の大きさを感じる。その意味では、共生の社会教育は「意識 ― 場 ― 地域 ― 社会 ― 国家 ― 世界」を総合的にとらえて、地域づくりの中で意識変革と社会変革が循環するようになることが必要であると考える(93)。

また、自治の課題である地域づくりに関して、社会教育・生涯学習研究所がかかわってきた阿智村では、「すべての住民が幸せになる」方法を求めた結果、学習と話し合いによって緩やかな合意をつくることが必要と考えられていた。また、阿智村にかかわる前に取り組んだ東日本大震災前の福島県飯舘村の調査では、地域の中で最も生きづらさをかかえている女性に注目することで、活気のある地域がつくられてきたことを学んだ(94)。このように、困難をかかえている人が人間的に豊かになることを課題に据えることによって、地域づくりがすすむことに確信がもてるようになった。

アクション・リサーチによる社会教育研究の展望

実践にかかわりながら、〈共生〉や〈自治〉、そして〈共生と自治〉の関連について、このようなことに確信をもてるようになったが、そこから踏み込んで、社会教育研究の今後に向けて、筆者が考えてきたことは次のようなことである。

第一に、〈共生と自治〉の社会教育がめざす人間観ないし人格論について考えてきた。見晴台学園大学やそれにつながる障害のある人の生涯学習を追求している人たちと出会って感じることは、かつてのような権利保障のために闘うというイメージはなく、それぞれに実践を大切にしながら、ネットワークを緩やかにつくり、そのことで社会からの理解を得て、制度改革も考えているということである。また、阿智村では地域課題に向き合う学習と話し合いを通して、緩やかな合意をつくろうとしている。その意味では、立場や考えが異なる人に打ち勝つための学習ではなくなっている。

同様に、長野県松本市の取り組みを執筆してもらった際にも、地域課題の解決には定式がなく必ず解決できるとは限らないだけに、「それに耐え、苦難を乗り越える知恵と気概を育てる」ことが必要であり、そのために

「わだかまりを残さないように『折り合い』をつけていく」ことが重要で、そのコーディネートが公民館の役割であるとの指摘に出会った。(95)そして、そのような力はどこで磨かれるのかを考えた時、社会教育職員が住民の願いを鋭くキャッチするためには、まずは身近にいる職員の生活に寄り添うことが必要であり、その力は良心的な労働組合の中で育まれるという主張に目を見張ったことがある。(96)このことは中村市（現 四万十市）の労働組合で取り組まれている「聞く運動」ともつながる。そこでは、話し手との共感関係のもとで「いい話」を引き出し、すぐにでも動きたくなるような情報を得ることが重要であると考えられている。(97)ここには、困難をかかえた人と地域で出会い個人レベルでの共感関係をこえて、葛藤しながらも社会的なレベルの課題ともかかわらせて関係を構築することで磨かれる人格がある。

筆者はこのような困難をかかえた人の権利保障への実践と運動の中で磨かれる人格について、歴史の中でも見出したいと考え、森永ひ素ミルク中毒事件の解決策として「恒久救済」という方法がとられたことに注目したことがある。障害を負わされるという厳しい状況の中で、被害者家族は抑えきれない怒りの中からどのような補償のあり方を求めたのか、また、かかわった医療・療育・教育の関係者はどう考え、地方自治体はどう動き、マスメディアはどう取り上げ、長い時間の中で加害企業はどう変わっていったのか、そして成人になった被害を受けた子どもたちは当事者としてどういう活動に取り組んでいるのかを整理したことがある。(98)

第二に、〈共生と自治〉の社会教育に必要な体制や職員のあり方について考えてきた。ここで重要なことの一つは、今日、ＮＰＯが困難をかかえた人の支援において優れた実践を展開しているということである。筆者はこのことを若者支援や学習教室、シングルマザーの支援、障害のある人の当事者活動などで感じていたところに、「ＮＰＯの教育力」に関する共同研究に参加する機会を与えられた。(99)ＮＰＯのスタッフが住民の学習にかかわる状況が広がっており、その中で、行政の社会教育職員の役割を改めて考えることが必要であると考えた。また、従来から指摘されてきたように、地域や住民から提起される課題を行政の社会教育職員はどう受け止めるべきかという課題もある。

そのような中で出会ったのが、東京都西東京市の公民館活動での社会的な排除に関するいくつかの講座である。そこでは、優れたＮＰＯのスタッフを講師に招き、公民館職員はその話を参加者がどう受け止めたのかを共有し、アフターミーティングを呼びかけて、その後の地域の活動につなげていた。(100) また、長野県飯田市の公民館活動の取り組みから、生活の中で問題に直面している住民は、単に要求を出すだけでなく現実的な提案を行う力量があり、そのような「住民発意」の参加や自治で「公共を変えていく」ことに取り組み、「住民に巻き込まれる力」が公務労働者には必要であることを学んだ。(101)

筆者はこのような状況から、公的社会教育の課題は「ＮＰＯや市民活動が切りひらいている新しい価値観を『行政的・市民的に承認』することではないか」と考えるようになった。かつては、原水爆禁止や女性学の普及、勤労青年学級、障害者青年学級など公的社会教育は新しい課題に自ら取り組んできた。それに対して今日、環境保全にしても人権問題にしても、その最先端の部分はＮＰＯや市民活動が切りひらいていて、異動が多い社会教育の職員はそういう活動ができなくなってきている。しかし、ＮＰＯや市民活動は新しい価値観が地域の中に広がらないという課題をかかえている。したがって、公的社会教育はＮＰＯや市民活動の中で見えてきた新しい価値観を行政や市民の中に広げることに力点を置くことで、取り組むべき現実的な課題が見えてくると考える。そしてこのことは、地域の中にさまざま価値観があり、行政内部にも古い価値観が存在していることもあり、それほど簡単な仕事ではないのではないだろうか。(102)

また、このような新しい価値観を行政や市民の中に広げる根拠として、教育基本法の第三条（生涯学習の理念）と第四条（教育の機会均等）を結びつけて考えることが有効である。現行の教育基本法には、第二条（教育の目標〕で徳目的な記述が並び、生涯学習にもそれがおよぶという問題がある。しかし、「生涯学習」が第三条として「教育の目的及び理念」に位置づけられ、同じく「教育の目的及び理念」に位置づけられている第四条の「教育の機会均等」に障害のある人のことが位置づけられたことを梃子に、教育基本法の全文を問い直すことで、格差が拡大し生きづらさが広がっている今日の社会における教育の改革方向が見えてくるのではないかと考えている。(103)

第三に、〈共生と自治〉の社会教育を政治的・社会的状況の中でどのように展開するのか、その戦略を考えてきた。社会運動を背景に日本の政治体制を転換することで、〈共生〉も〈自治〉も社会教育も充実できると思われた時代もあった。しかし今日、グローバル化した社会において一国の政治体制の転換は以前ほど大きな意味をもたなくなり、利害が複雑に入り組む中で、政治体制を転換させる社会運動が起きにくい状況にもなっている。

そのような中で、見晴台学園大学とそれにかかわる人たちから学んだことは、障害のある人の発達保障の取り組みを地域の中ですすめながらネットワークをつくり、その力があるからこそ、障害者権利条約の批准と障害者差別解消法の制定という状況の中で、有効な政策提言が行えているということである。また、阿智村の取り組みの中でも、自治の内実をつくりながら、志を同じくしている自治体のネットワークをつくり、国内政治の動向や国際的に確認されている自治の理念を学び取っているということがある。(104)

その一方で、筆者はグローバル化した今日、民主主義をどのように実現するのかという関心から、国内の熟議民主主義をトランスナショナルな公共圏に接合するという議論に行き当たった。そこでは、「熟議の文化」を住民だけでなく議員も交えてつくることや「相互依存とケア」を市民性理解の中核に据えること、インターネットを使って「グローバル化の被害者」として人びとが連帯する可能性について学び、これらを見晴台学園大学や阿智村で取り組まれていることと重ねて理解するようにしてきた。(105) このような戦略は、グローバルな課題とローカルな課題が交錯することを、学校教育だけでなくノンフォーマル教育の中でもとらえて、ＳＤＧｓの実現をめ

ざす「共生への学び」とつながるものである。(106)

第四に、優れた〈共生と自治〉の社会教育実践が各地に生まれるように、ネットワーク化することと、これから社会教育実践に携わろうという学生に知らせることを考えてきた。見晴台学園大学の場合、全国障がい者生涯学習支援研究会や全国専攻科（特別ニーズ）研究会が組織され、文部科学省の事業を受託するにあたっては連携協議会が設置され、そこに集まる人の間で実践が共有されてきた。一方、阿智村の場合、自治体問題研究所との関係が強く、「小さくても輝く自治体フォーラム」のネットワークもあり、社会教育・生涯学習研究所や現代生涯学習研究セミナーを通して実践が発信されてきた。

このような活動に筆者も加わり、見晴台学園大学がつながる活動を東海・北陸地区で共有することに協力したり、書籍が刊行された時には書評の執筆を申し出たりしてきた。また、阿智村ではその取り組みをいきいきと発信するために、インタビューをもとにした住民の執筆を重視した書籍を刊行するとともに、「現代生涯学習研究セミナー」で社会教育関係者に伝え、社会教育・生涯学習研究所と協力して「阿智村に自治と協働を学ぶ学生セミナー」で社会教育の仕事や自治体で働くことをめざす学生に学ぶ機会を提供してきた。

阿智村に課題がないわけではないが、これまでの学習の風土と現在の職員の誠実な取り組みと研究者の力が一体となって、社会教育関係者や学生に伝えることができるものをつくってきている。そのような取り組みを広げることを社会教育・生涯学習研究所では意識してきたが、それに呼応した動きが生まれつつある。(107)研究者がかかわることで実践が活性化し、その力で学生を育て、その学生が意欲をもって仕事をする中で研究者ともかかわる。そのような循環を各地につくりながら、〈共生と自治〉の社会教育実践を個性豊かに展開できないものかと考えている。

注

(1) 佐藤一子・森本扶・新藤浩伸・北田佳子・丸山啓史「アクション・リサーチと教育研究」『東京大学大学院教育学研究科紀要』第四四巻、二〇〇五年。

(2) 佐藤一子「社会教育研究とアクション・リサーチ—参加型アクション・リサーチ国際ネットワークの展開における宮原誠一の位置—」『日本社会教育学会紀要』四一巻、二〇〇五年。

(3) 同前。

(4) 添田祥史「社会教育研究における実践の理論化とフィールドワーク—『解釈』から『翻訳』へ—」日本社会教育学会編『社会教育研究における方法論　日本の社会教育第六〇集』東洋館出版社、二〇一六年。

(5) 藤田美佳「参加型研究における研究者の役割—Community Based Participatory Research（CBPR）をてがかりにして—」同前書。

(6) 津田英二「研究主体と研究対象との多元的関係性の意義—ケアの問題から出発する参加型研究—」同前書。

(7) 滝口克典「社会教育研究に対峙する市民活動実践の自律性—研究と実践の間のコンフリクトの意味をめぐって—」同前書。

(8) 清水寛・戸山進・御子柴昭治編『全員就学と新たな教育の創造—障害児教育実践—』ぶどう社、一九七八年。

(9) 共同作業所全国連絡会編『ひろがれ共同作業所』ぶどう社、一九八七年。

(10) 大石洋子「障害者青年学級—教育と福祉の接点での社会教育実践を考える—」東京都多摩社会教育会館・障害者の社会教育保障を考えるセミナー『社会教育行政における障害者—教育保障のあり方をさぐる—』一九八七年。

(11) 松田泰幸「青年学級から『とびたつ会』へ」『月刊社会教育』二〇〇八年一月。

(12) 障害のある子どもの放課後保障全国連絡会『障害のある子どもの放課後活動ハンドブック—放課後等デイサービスをよりよいものに—』かもがわ出版、二〇一一年。

(13) 清水寛「発達保障運動の生成と全障研運動」田中昌人・清水寛編『発達保障の探究』全国障害者問題研究会出版部、一九八七年。

(14) 丸山啓史『私たちと発達保障—実践、生活、学びのために—』全国障害者問題研究会出版部、二〇一六年。

(15) 荒川智「発達保障とは何か」越野和之/全障研研究推進委員会編『発達保障論の到達と論点』全国障害者問題研究会出版部、二〇一八年。
(16) 津田英二「『障害の社会モデル』の教育実践論に向けて」喫茶わいがや四〇周年記念ブックレット編集委員会編『「思想」としてのわいがや』障害をこえてともに自立する会、二〇二一年。
(17) 小林繁・松田泰幸/「月刊社会教育」編集委員会編『障害をもつ人の生涯学習支援―インクルーシヴな学びを求めて〈24の事例〉―』旬報社、二〇二一年。
(18) 田中良三「学習障害児の現在」『日本の科学者』通巻二八一号、一九九一年。
(19) 早川康乃「言語と数量『かき』」、鬼頭ちか子「言語と数量『よみ』」、高橋差智子・桐山妙子・鬼頭康男「言語と数量『英語』」、黒田昭子・居福裕子「芸術と文化『音楽』」、真野尚文「芸術と文化『美術』」、竹田美紀子「自然と社会『仮説実験授業』」、木村悠希「総合演習『陶芸』」見晴台学園編『発達障がい児をうけとめ続けて二六年 みはらしだいパレット―子どもたち一人ひとりの願いに応える父母立の学園―』ギャラクシーブックス、二〇一六年。
(20) 藪一之「すてきな化学変化―一人ひとりが大切にされて仲間になる―」同前書。
(21) 田中良三「見晴台学園大学がめざすもの」田中良三・大竹みちよ・平子輝美/法定外見晴台学園大学編『障がい青年の大学を拓く―インクルーシブな学びの創造―』クリエイツかもがわ、二〇一六年。
(22) 平子輝美「学びを支える」同前書。
(23) 大竹みちよ「卒業」同前書。
(24) 田中良三「高校・大学への進学保障に向けた合理的配慮とは―見晴台学園高校・大学の実践を通して考える―」『公教育における障害者・児への「合理的配慮」をふまえた教育と福祉の新しい課題(日本教育学会中部地区・中部教育学会共催公開シンポジウム記録)』二〇二〇年。
(25) NPO法人見晴台学園大学『発達・知的障害者の大学教育研究』創刊号〜第五号、二〇一八年〜二〇二二年。
(26) 田中良三・國本真吾・小畑耕作・安達俊昭/全国専攻科(特別ニーズ教育)研究会編著『障がい青年の学校から社会への移行期の学び―学校・福祉事業型専攻科ガイドブック―』クリエイツかもがわ、二〇二一年。
(27) 田中良三「全専研は、大いに期待されている」同前書。

(28) 田中良三・藤井克徳・藤本文朗編著『障がい者が学び続けるということ―生涯学習を権利として―』新日本出版社、二〇一六年。

(29) 田中良三「障がい者が学び続けるということ―生涯学習支援の実践研究と理論化―」全国障がい者生涯学習支援研究会『障がい者生涯学習支援研究』創刊号、二〇一七年。

(30) 全国障がい者生涯学習支援研究会『障がい者生涯学習支援研究』創刊号～第六号、二〇一七年～二〇二二年。

(31) 辻浩「教育福祉から見た障がい者生涯学習―学習権保障の全体像に結びつけて―」全国障がい者生涯学習支援研究会『障がい者生涯学習支援研究』第五号、二〇二一年。

(32) 辻浩「共生的価値の創造と障がい者生涯学習―教育の制度と実践におけるダイナミズムに目を向けて―」全国障がい者生涯学習支援研究会『障がい者生涯学習支援研究』第六号、二〇二二年。

(33) 学校卒業後における障害者の学びの推進に関する有識者会議『障害者の生涯学習の推進方策について―誰もが、障害の有無にかかわらず共に学び、生きる共生社会をめざして―（報告）』二〇一九年。

(34) 同前。

(35) 文部科学省総合教育政策局男女共同参画共生社会学習・安全課「学校卒業後における障害者の学びの支援に関する実践研究事業『障害者の多様な学習活動を総合的に支援するための実践研究』実施要綱」二〇二〇年二月。

(36) ＮＰＯ法人学習障害児・者の教育と自立の保障をすすめる会『生涯の学びとしての、障害青年の「学校から社会への移行期」における継続的な学習の役割と課題（平成三〇年度文部科学省「障害者の多様な学習活動を総合的に支援するための実践研究」委託事業）報告書』二〇一九年。

(37) ＮＰＯ法人学習障害児・者の教育と自立の保障をすすめる会『生涯の学びとしての、障害青年の「学校から社会への移行期」における継続的な学習の役割と課題（令和元年度文部科学省「障害者の多様な学習活動を総合的に支援するための実践研究」委託事業〈二年目〉）報告書』二〇二〇年。

(38) ＮＰＯ法人学習障害児・者の教育と自立の保障をすすめる会・文部科学省『障害者の学びの場づくりフォーラム ｉｎ 東海・北陸　共に学び共に生きる（令和元年度文部科学省「共に学び、生きる共生社会コンファレンス」事業）』二〇二〇年。

(39) NPO法人学習障害児・者の教育と自立の保障をすすめる会『生涯の学びとしての、障害青年の「学校から社会への移行期」における継続的な学習の役割と課題（令和二年度文部科学省「障害者の多様な学習活動を総合的に支援するための実践研究」委託事業〈三年目〉）報告書』二〇二一年。
(40) NPO法人学習障害児・者の教育と自立の保障をすすめる会・文部科学省『障害者の学びの場づくりフォーラムin AICHI プログラム集（令和二年度文部科学省「共に学び、生きる共生社会コンファレンス」東海・北陸ブロック）』二〇二一年。
(41) NPO法人春日井子どもサポートKIDS COLOR・春日井市・春日井市教育委員会『春日井市における民間団体との連携協働による障害者生涯学習プログラムの開発（令和三年度文部科学省「地域連携による障害者の生涯学習機会の拡大促進」委託事業）報告書』二〇二二年。
(42) 障害者の生涯学習実践研究講座事務局『障害者の生涯学習実践研究講座（文部科学省令和三年度学校卒業後における障害者の学びの支援に関する実践研究事業「春日井市における民間との協働による障害者生涯学習プログラムの開発」）』二〇二一年。
(43) NPO法人春日井子どもサポートKIDS COLOR・春日井市・春日井市教育委員会・文部科学省『地域における障害者の生涯学習推進コンファレンスin東海・北陸（令和三年度文部科学省「学校卒業後における障害者の学びの支援に関する実践研究」事業）』二〇二二年。
(44) 前掲（36）。
(45) 辻浩「学習プログラムの開発・公開講座『私もあなたもHappy Life—考えよう！ 生涯輝き続けるために—』」同前書。
(46) 辻浩「生涯学習セミナー・見えてきた『学校から社会への移行期の学び』」前掲書（37）。
(47) 辻浩「成果報告（1）・生涯学習セミナー」前掲書（39）。
(48) 島田修一「村の歴史に見る自治体自立の思想と実践のあゆみ」『社会教育・生涯学習研究所年報—阿智村に学ぶ—』第八号、二〇一二年。
(49) 細山俊男「『住民主体の村・阿智村』の淵源を探る その一—山本慈昭の社会運動と社会教育—」『社会教育・生涯学習

研究所年報―住民の学習と公務労働―』第一六号、二〇二一年。
(50) 細山俊男「『住民主体の村・阿智村』の淵源を探る　その二―熊谷元一の『婦人の生活調査』と社会教育実践―」『社会教育・生涯学習研究所年報―住民の学習と公務労働（その二）・自治体〈正規〉職員はいま―』第一七号、二〇二二年。
(51) 長野県下伊那郡公民館活動史編纂委員会編『下伊那公民館活動史』一九七四年。
(52) 飯伊婦人文庫『みんなとだから読めた！　―聞き書きによる飯田下伊那地方の読書会の歴史―』二〇〇七年。
(53) 前掲（51）。
(54) 長野県飯田・下伊那主事会「公民館主事の性格と役割」日本社会教育学会編『現代公民館論―日本の社会教育第九集―』東洋館出版社、一九六五年。
(55) 辻浩「高度経済成長期の農山村における公民館主事の集団討議と主体形成―長野県下伊那地域を事例として―」『名古屋大学大学院教育発達科学研究科紀要（教育学）』第六五巻第一号、二〇一八年。
(56) 島田修一「阿智村調査についてのメモ」社会教育・生涯学習研究所課題研究会資料、二〇一一年。
(57) 前掲書（48）。
(58) 社会教育・生涯学習研究所監修／岡庭一雄・細山俊男・辻浩編『自治が育つ学びと協働　南信州・阿智村』自治体研究社、二〇一八年。
(59) 岡庭一雄「一人ひとりの人生の質を高められる村をめざして」同前書。
(60) 同前。
(61) 細山俊男・辻浩編『村をつくる自治と協働―阿智村／熊谷時雄と岡庭一雄』阿智村の自治と協働研究会、二〇二〇年。
(62) 岡庭一雄「阿智村の住民自治と地域の発展」長野県地域住民大学運営委員会『第一一回長野県地域住民大学記録（一）』一九八八年。
(63) 岡庭一雄「あいさつ『下伊那テーゼと松下さん』」現代生涯学習研究セミナー特別企画運営委員会『現代生涯学習研究セミナー特別企画　松下拡さんの社会教育実践をどう受け継ぐか　記録集』二〇二一年。
(64) 岡庭一雄「地域づくりと地域自治組織を考える」南信州地域問題研究所例会報告資料、二〇〇六年。
(65) 岡庭一雄・池上洋通「対談　地方自治と社会教育」第三一回現代生涯学習研究セミナー運営委員会『第三一回現代生涯

学習研究セミナー記録集』二〇一九年。

(66) 細山俊男・山本昌江「阿智村の新しい『協働』をさぐる」第二三回現代生涯学習研究セミナー運営委員会『第二三回現代生涯学習研究セミナー記録集―地域自治と社会教育（その二）―』二〇一一年。

(67) 向井健「自治組織づくりと村づくり委員会」前掲書(58)。

(68) 阿智村社会教育研究集会実行委員会・阿智村公民館『第四九回阿智村社会教育研究集会資料集』二〇一六年。

(69) 林茂伸・岡本雄太・大石真紀子・新藤浩伸「阿智村における全村博物館の試み」前掲書(65)。

(70) 大石真紀子「阿智高校地域政策コース観光エリアと全村博物館構想の連携について」前掲書(49)。

(71) 大石真紀子「福島とつながる阿智村の地域づくり」『社会教育・生涯学習研究所年報―参加・自治・創造と公民館―』第一一号、二〇一六年。

(72) 大石真紀子「話し合いが地域をつくる、人を育てる」前掲書(58)。

(73) 山本昌江「学ぶ職員と学ぶ住民が協力して村をつくるために―阿智村での三年間の取り組みから―」前掲書(71)。

(74) 山本昌江「村をつくる住民の学びと自治体労働者」前掲書(58)。

(75) 櫻井祐介・櫻井拓巳・本柳寛人・櫻井真紀「清内路に生きる青年と社会教育」第二七回現代生涯学習研究セミナー運営委員会『第二七回現代生涯学習研究セミナー記録集―地域で生きる青年と社会教育―』二〇一五年。

(76) 林茂伸「地域に平和学習の輪をどう広げるか―満蒙開拓平和記念館の活動と意義―」前掲書(71)。

(77) 阿智村『阿智村男女共同参画基本計画』二〇二二年。

(78) 同前。

(79) 細山俊男「阿智村で学んでほしいこと」、第一回阿智村で自治と協働を学ぶ学生セミナー資料、二〇一七年。

(80) 辻浩「いまなぜ阿智村なのか」第四回阿智村で自治と協働を学ぶ学生セミナー資料、二〇二一年。

(81) 上杉孝實「現代生涯学習研究セミナーの三〇年をふりかえる」第三〇回現代生涯学習研究セミナー運営委員会『第三〇回現代生涯学習研究セミナー記録集』二〇一八年。

(82) 前掲書(65)。第一セッションは「対談　地方自治と社会教育」、第二セッションは「阿智村における全村博物館の試み」、第三セッションは「コミュニティ教育の国際比較」という内容であった。

(83) 前掲書（63）。

(84) 現代生涯学習研究セミナー特別企画運営委員会『現代生涯学習研究セミナー特別企画　地域・自治体づくりの現代的課題と社会教育／吉川徹さんの社会教育と地域づくりの実践から何を受け継ぐか　記録集』二〇二二年。

(85) 辻浩『現代教育福祉論―子ども・若者の自立支援と地域づくり―』ミネルヴァ書房、二〇一七年。

(86) 辻浩「教育福祉から考える青年期教育の政策と課題―障害のある人の『学校から社会への移行』を題材に―」日本教育政策学会『学校制度の臨界を見極める―日本教育政策学会年報第二七号―』学事出版、二〇二〇年。

(87) 前掲（47）。

(88) 辻浩「『学校から社会への移行期』における教育福祉と学校改革―『総合教育政策』の可能性を求めて―」名古屋大学大学院教育発達科学研究科社会・生涯教育学研究室『社会教育研究年報』第三六号、二〇二二年。

(89) 辻浩『住民参加型福祉と生涯学習―福祉のまちづくりへの主体形成を求めて―』ミネルヴァ書房、二〇〇三年。

(90) 辻浩「『小さな自治』の指標を考える―学びと協働の社会教育論①」社会教育・生涯学習研究所『社会教育・生涯学習の研究』第四三号、二〇一九年。

(91) 辻浩「高齢社会における地域福祉の推進と社会教育の課題」日本社会教育学会編『高齢社会と社会教育　日本の社会教育第六六集』東洋館出版社、二〇二二年。

(92) 前掲（85）。

(93) 前掲（32）。

(94) 辻浩「地域自治体づくりと社会教育労働―住民の学習を支える『公務労働』のあり方をめぐって―」『社会教育・生涯学習研究所年報―住民の学習と公務労働―』第一六号、二〇二一年。

(95) 矢久保学「住民の学習を基盤にした地域・自治体づくり」辻浩・片岡了編著『自治の力を育む社会教育計画―人が育ち、地域が変わるために―』国土社、二〇一四年。

(96) 細山俊男「住民との対話による学習ニーズの把握」同前書。

(97) 宮本昌博「住民と労働者の共同発達関係をつくる自治体労働者」島田修一・辻浩・細山俊男・星野一人編著『人間発達の地域づくり―人権を守り自治を築く社会教育―』国土社、二〇一二年。

(98) 辻浩「『公害と社会教育』に関する教育福祉研究試論―森永ひ素ミルク中毒事件における『恒久救済』をめぐって―」名古屋大学大学院教育発達科学研究科社会・生涯教育学研究室『社会教育研究年報』第三三号、二〇一九年。
(99) 辻浩「NPOで働く意味とスタッフの力量形成」佐藤一子編著『NPOの教育力―生涯学習と市民的公共性―』東京大学出版会、二〇〇四年。辻浩「公民館における地域学習の探求」佐藤一子編著『地域学習の創造―地域再生への学びを拓く―』東京大学出版会、二〇一五年。
(100) 松永尚江「公民館の講座を通して市民の協同をつくる」『社会教育・生涯学習研究所年報―小さな学びをつくる協同―』第一五号、二〇二〇年。
(101) 木下巨一「自治の力で公共を変えていく―長野県職員となって飯田市の取組を振り返る―」『社会教育・生涯学習研究所年報―住民の学習と公務労働―』第一六号、二〇二一年。
(102) 辻浩「教育福祉実践を担うNPO・市民活動と公的社会教育―新しい価値観の創造と行政的・市民的承認の地域における結合―」名古屋大学大学院教育発達科学研究科社会・生涯教育学研究室『社会教育研究年報』第三五号、二〇二一年。
(103) 辻浩「『教育福祉的生涯学習』から見た教育基本法解釈の課題―困難を抱えた人々の連帯による教育の改革―」名古屋大学大学院教育発達科学研究科社会・生涯教育学研究室『社会教育研究年報』第三四号、二〇二〇年。
(104) 前掲(65)。
(105) 辻浩「グローバル化時代の民主主義と『小さな自治』―民意を政治とつなぐ社会教育実践の課題―」『社会教育・生涯学習研究所年報―小さな学びをつくる協同―』第一五号、二〇二〇年。
(106) 佐藤一子・大安喜一・丸山英樹編著『共生への学びを拓く―SDGｓとグローカルな学び―』エイデル研究所、二〇二二年。
(107) 藤井一彦「住民と職員の協働の地域づくり―飯舘村のコミュニティ担当者制度による職員の主体形成・力量形成」、佐々木さつき「職責を全うするために地域住民から学ぶ」、布施利之「公民館の専門職の模索と葛藤」、石井山竜平「解題・住民の学習と公務労働―自治体『正規』職員はいま―」『社会教育・生涯学習研究所年報―住民の学習と公務労働(その2)自治体「正規」職員はいま―』第一七号、二〇二二年。

終章

〈共生と自治〉の社会教育のさらなる探求

1 「権利としての社会教育」を継承し発展させる

〈共生と自治〉の社会教育を教育福祉と地域づくりの視点から考察してきた本書の特徴の第一は、戦後日本の社会教育の中でその理論と実践を跡づけ、今日の実践にまでつなげていることである。戦後改革期には、有識者による指導的色合いが強い実践だったが、高度経済成長期には、自治体の社会教育職員によって仲間づくりや集団づくりが支援されるようになった。そして低成長・経済大国期には、社会的排除を社会教育実践や地域の中で克服することに意識的に取り組むことになり、格差拡大期には、自治体を凌ぐ勢いでＮＰＯが最先端の課題に取り組むということになる。この経緯の中には、「権利としての社会教育」を追求する豊富な実践と研究の蓄積がある。

「権利としての社会教育」が探求されてきた背景には、権力的に学習の統制が行われることもあれば、政策的課題の遂行に住民を巻き込む体制がつくられるという問題もある。このことを意識して筆者は、共生社会の実現を自治の力ですすめるためには、住民が参加していることだけを評価するのではなく、生活不安の広がりと人間尊厳の危機を直視して、批判精神と創造的情熱の両面が育つことに注目することが必要であると主張してきた(1)。またそのためには、困難をかかえている当事者の参加を積極的に位置づけ、それと地域の力が結びつくことが必要であると考えてきた(2)。

ところで、「権利としての社会教育」がこのように権力的な作用と向き合っている中で、社会的な対立・拮抗を避けて社会教育の研究を行う動きが出てくる。それはポストモダンの思想に影響を受け、学習そのものや学習の概念を拡大して人と人との関係形成に軸足を置くものである。このような社会教育論は、国民の学習権を守ろうとする自己教育運動と学習を統制したり方向づけたりしようとする政策との間で膠着した状態が生まれている中で、新しい局面をひらく可能性があるとも考えられたが、脱政治化することで成人の人間形成の重要な部分を欠落させることにもなりかねない。

一方、「権利としての社会教育」を展開することは、以前にも増して困難な状況になっている。国民が真に主体的になることを歓迎しない力によって、社会教育や地方自治の法や体制が改悪され、統制的な情報で世論が操作され、民衆運動が巧みに分断されている。このような中で、学習を通して人びとが主体的に行動し、社会をよくするという「大きな物語」を描くことが難しくなっている。

このように、関係形成に注目した社会教育が脱政治化にともなう危険をはらみ、学習の自由や住民の連帯が阻害される状況にある今日、「権利としての社会教育」を探求する有効な方法は、小さな社会の中で住民の学習と公務労働を大切にした〈共生と自治〉の取り組みを豊かに展開し、そのことで確信を得ながら、それをネットワーク化して、社会をよくする「大きな物語」につなぐことではないかと考える。

筆者が所属している社会教育・生涯学習研究所では「小さな学びをつくる協同」および「住民の学習と公務労働」をテーマとして研究を行ってきた。「小さな学びをつくる協同」をテーマとしたのは、国によって提唱される「小さな自治」とは別のかたちで、学びを通した参加と自治による地域づくりが各地に存在していることを確認するためであり、それを受けて、公務労働者が取り組むべき課題とその可能性を求めて、「住民の学習と公務労働」をテーマに研究をすすめてきた(3)。

その底流には、「権利としての社会教育」の前提と考えられてきた公的社会教育をどのように再創造するかという問題意識がある。そしてそこでの中心課題は、多様な社会教育労働をどのように性格づけるのか、それらをどう組み合わせ、どう改善することで住民の学習が保障されるのか。そして、それらの仕事を通して社会教育の仕事に携わる人びとがどのように自己実現できるのかを検討することではないかと考えている。(4)

2 社会教育・生涯学習の核心をふまえて学際的な交流を

本書の特徴の第二は、参考にした文献や資料の大半が社会教育・生涯学習の領域のものであり、注目している実践も実践者によって社会教育・生涯学習と自覚されているものであるということである。筆者は、二〇年余り社会福祉学部に勤務したことから地域福祉の組織化や対人支援について学び、また、社会教育・生涯学習研究所の活動で地方自治について学びながら論稿を書くことが多かった。しかし本書では、地域福祉や地方自治の議論に頼らないで、社会教育・生涯学習に固有なものを明らかにしたいと考えた。

社会教育は広く社会において行われる教育であることから、社会のどのような場面でも学びの実態があれば社会教育ということができる。そのうえに学びを広くとらえれば、対話があり活動があれば社会教育だと考えることもできる。そのような中で、社会教育研究には実践者が社会教育や生涯学習と思っていなくても、それが刺激的で新しければ研究の対象にする傾向がみられる。このことは、社会教育のイメージを広げるのに有効ではあるが、実際には、社会教育研究者が社会教育と見なしても、その実践を行っている人には響かないことが多い。そのような中で、社会教育の核心が他の分野に伝わらないということが起きているのではないだろうか。

筆者は住民の学習を組織して地域の福祉に参加する住民を増やそうという地域福祉の関係者と出会うことが多かった。そこでは深刻な高齢化に熱心に取り組もうとするために、「包括的地域ケアシステム」のような専門家や行政が有効であると認めた取り組みを効率的に普及することが議論の中心になり、高齢社会のさまざまな課題が置き去りにされているように思われた。自由な学習の中から生活課題を共同的に発見する社会教育は、地域福祉が考える住民の学習とは異質なものといっても過言ではない。このような中で、社会教育が安易に地域福祉の流れに沿うことでは本当の連携にはならない[(5)]。学際的な交流のためには、他の領域がかかえている課題やそこで使われている概念に学びながらも、社会教育に固有の理論と実践の蓄積をきちんと紹介することが必要である。

このように、社会教育・生涯学習の核心を明確にしようとした時、まずは、公的社会教育で取り組まれている実践を研究の対象にすることが必要であり、本書の記述の多くはそうなっている。アクション・リサーチを試みた実践は、公的社会教育で取り組まれたものではなく、ＮＰＯや一般行政が取り組んだものであるが、これらも実践者によって社会教育や生涯学習と自覚されているものである。そうしなければ、社会教育研究の中では社会教育の実践や領域が無限に広がるものの、その結果、社会教育の核心が曖昧になって、社会的・行政的には縮小してしまうのではないだろうか。

3　社会教育士を媒介として社会教育・生涯学習が拡張する中で

本書の特徴の第三は、〈共生と自治〉という観点から社会教育を論じているために、社会教育の組織や体制よりも実践や価値に注目して、その中で職員の仕事に光を当てていることである。社会教育職員については、高度経済成長期から低成長・経済大国期には、自治体の正規職員が一般的であったが、筆者がアクション・リサーチを試みている今日的な実践は、実践者が社会教育や生涯学習と自覚しているＮＰＯや一般行政で取り組まれているものである。

筆者は実践者が社会教育や生涯学習と自覚していないにもかかわらず、研究者が一方的に社会教育とみなすことに疑問を感じてきたが、二〇二〇年から「社会教育士」の称号が創設されたことは、大きな転機になる。この称号をもっていることで実践者や団体の信頼性が高まることになった時、おのずとその実践者は社会教育や生涯学習の実践であることを自覚するようになり、それはＮＰＯ、一般行政、会計年度任用職員、コミュニティスクールに取り組む学校、企業、起業家などに広がることが予想される。

社会教育士が取り組んでいるということから、社会教育・生涯学習がさまざまな領域で取り組まれるという理解が広がった時、社会教育士として働く実践者にどのようなことを理解してもらうのかが課題になる。社会教育士に社会教育とは何かが明確に伝わっていれば、社会教育はそれぞれの実践の中に息づくことになるが、明確に伝わっていなければ、社会教育は雲散霧消しかねないからである。

今日、貧困や障害、差別が原因で「学校から社会への移行期」につまずく子ども・若者が多く、学校とは別に自分を受け止めてもらえる場をつくることが大切である。それに加えて、学校教育の中で生涯学習や地域の取り組みを紹介して将来につなぐことも必要である。そこではたとえば、不登校・高校中退者の学び直しの機会をつくるために、通信制高校とサポート校、夜間中学と自主夜間中学の連携が求められ、不安定な状態で卒業する生徒が若者支援のＮＰＯと在学中に出会うために校内居場所カフェが設けられている。また、知的障害のある青年の在学期間を延長するために、本来は学校に設置される専攻科が学びを中心とする自立訓練事業所に設置されたり、ＮＰＯ立で無認可の大学が創設されたりしている。さらに、視覚障害や聴覚障害のある学生の情報保障に大学と連携して地域の人たちが活躍し、精神障害・発達障害のある学生の就労支援に大学と連携して就労支援団体や事業所が連携してキャリア教育が取り組まれるようになってきている。(6) これらの活動にかかわる人びとが社会教育士の称号を使って活動することになれば、社会教育・生涯学習が学校教育の改革にかかわることができるようになる。

また、今日の自治をめぐる政策は、行政単位を大きくして自治体経営を効率化する一方で、きめ細かく対応しなければならない地域の課題は住民による地域運営組織に委ね、公務労働を住民から離れたものにしようとしている。それは地域・自治体の政策決定を住民から遠いところで行い、住民には地域の助け合いの中で力を発揮させようという歪んだ自治を推進するものであり、そこで半ばボランティアとして社会教育士が期待されることにもなりかねない。このような中で、住民が地域課題を学びながら活動し、そのことを公務労働者が支える本来の地方自治体のあり方を実例として示すことが求められている。(7)

このような中で重要なことは、社会教育士と社会教育主事との関係である。社会教育法では社会教育主事は「社会教育を行う者に専門的技術的な助言と指導を与える」ことになっていることから、社会教育士に指導・助言を与える社会教育主事の方が上位と思われるかもしれない。しかし逆に、実践の中で日々鍛えられる社会教育士の力量が勝っていると思われるかもしれない。このような中で、実践の最先端で活躍する人たちとそれに対する行政的・市民的な合意をつくる人たちが補い合い高め合うことが必要である。(8)

4　アクション・リサーチで「権利としての社会教育」を発展させるために

本書の特徴の第四は、〈共生と自治〉の代表的な実践をいきいきと描こうとしたことであり、近年の実践については、筆者のかかわりも織り込んで記述し、そこから、研究者は実践にどうかかわることができるのかを考えたことである。

筆者の世代から見ると、戦後改革期の社会教育実践は自分の手が届かないところのものであり、そこで活躍した実践者にも会う機会がなかった。また、高度経済成長期の社会教育実践も手の届かないものであり、そこで活躍した実践者とは退職された後に会う機会があったという関係である。低成長・経済大国期になると筆者も研究者の道を歩みはじめ、同時代史になるが、それでもそこで活躍している実践者は住民の学習権を保障する長いキャリアをもつ畏敬の気持ちを抱く存在であった。そして、格差拡大期に入って、年齢が比較的近い実践者から住民の学習権を保障しようとする実践に誘われて、いくらか貢献することができるようになったように思っている。

このような筆者の経験をふり返って考えることの一つは、研究者は年齢を重ねていくということもふまえて、実践や実践者とどう向き合えばいいのかということである。筆者の場合、長いキャリアをもつ実践者に若手研究者としてかかわることができず、かろうじて、学ばせてもらうだけでいいと割り切ることが精一杯だった。また、年齢を重ねた現在、若い実践者が取り組んでいる実践にかかわることもない。結果的にほぼ同年代の実践者とこの十数年歩みをともにしながらアクション・リサーチを試みることになったが、別の方法はないものだろうか。年齢が高い実践者が優れた実践を展開している場合に若手研究者はどうかかわればいいのか、逆に、若い実践者が新しい感覚で実践を展開している時に年長の研究者はどうかかわればいいのだろうか。

筆者の経験をふり返って考えることの二つは、研究者は実践が立ち上がった後から参加することが多く、その場合に、どのように研究することがアクション・リサーチなのかということである。筆者がアクション・リサーチを試みた「学習障害児・者の教育と自立の保障をすすめる会」は学習権保障を求める長い歴史の上にあるものであり、阿智村の「住民主体の行政」も住民の学習を保障する下伊那地域の伝統や岡庭村政全体にかかわるものである。このようなことから、アクション・リサーチとはいうものの、本書では実践史としてまとめる記述が多く、筆者がかかわって書くことができたのは部分的である。アクション・リサーチは実践の経緯を捨象して、現在の実践、さらにいえば学習者の関係に働きかけ反応を受け取ることに力点が置かれているようにも見えるが、「権利としての社会教育」を考えるためには、実践が生まれてきた社会背景や実践者が置かれてきた立場や歩みも掬い取る必要があるのではないだろうか。

筆者の経験をふり返って考えることの三つは、同年代の実践者と新しいことを一緒に立ち上げて取り組んだ場合でも、毎回活動に参加できるわけではない研究者は次第に実践から遅れていくことをどうするかということである。実践者は常に新しい展開を目の当たりにし、次の課題を提示することができる。そのような中で、研究者が実践に直接かかわることでコメントや助言をしようとすると的外れになることが多い。そこで、研究者ならではのものと考えて、統計や海外、歴史にかかわらせて発言するとますます実践から遠ざかり、他の地域で取り組まれている類似の実践を紹介すると、ともに立ち上げた実践を突き放す結果になってしまう。そのような迷いの中で、実践を的確に把握して研究者ならではの発言をするためには、総合的な力が必要であり、そこに自分を追い込むために実践者が先に論稿を書き、研究者はそれを先行研究としながら何を書けるかということを考えてきたが、その他に有効な方法はないのだろうか。

筆者の経験をふり返って考えることの四つは、研究と実践とのかかわりをめぐって明確な答えが出ない中でも、大学生の教育には効果はあるということである。筆者がかかわっている実践に学生を連れていくと、実践に参加している人が喜び、学生もいきいきとする。また、研究と実践が交流する場に立ち会うことで、学生が研究者や実践者になった時に同じことをしながら力をつけていくことも期待できる。このようなことから、現在は「学習障害児・者の教育と自立の保障をすすめる会」には大学院生の教育にかかわってもらい、阿智村では社会教育・生涯学習研究所が主催して「阿智村に自治と協働を学ぶ学生セミナー」を開催している。研究者と実践者の関係が明確にならないことを免罪するために、学生教育を絡ませるのはいいことなのか議論の余地はあると思われるが、実践と研究に教育を加えることで、アクション・リサーチの新しい展開が可能になるようにも思われる。

このように、筆者のアクション・リサーチへの試みから、研究者と実践者の世代の違いをどう考えればいいのか、研究者は実践のこれまでの蓄積をどうふまえて研究すればいいのか、実践者ほどリアルに実践をとらえられない研究者はどう貢献できるのか、研究と実践のかかわりの中に学生教育を入れることはいいことなのかという問いが浮かび上がってきた。研究者や実践者の個性もあり、一概には答えが出ないと思われるが、実践にかかわっている研究者が多い社会教育・生涯学習研究だけに、さまざまな観点から検討することが必要なのではないだろうか。

注

（1）　辻浩『住民参加型福祉と生涯学習―福祉のまちづくりへの主体形成を求めて―』ミネルヴァ書房、二〇〇三年。
（2）　辻浩『現代教育福祉論―子ども・若者の自立支援と地域づくり―』ミネルヴァ書房、二〇一七年。
（3）『社会教育・生涯学習研究所年報―小さな学びを創る協同―』第一五号、二〇二〇年。『社会教育・生涯学習研究所年報―住民の学習と公務労働―』第一六号、二〇二一年。『社会教育・生涯学習研究所年報―住民の学習と公務労働（その2）自治体『正規』職員はいま―』第一七号、二〇二二年。
（4）　辻浩「地域・自治体づくりと社会教育労働―住民の学習を支える『公務労働』のあり方をめぐって―」『社会教育・生涯学習研究所年報―住民の学習と公務労働―』第一六号、二〇二一年。

（5）辻浩「高齢社会における地域福祉の推進と社会教育の課題」日本社会教育学会編『高齢社会と社会教育　日本の社会教育第六六集』東洋館出版社、二〇二二年。
（6）辻浩「『学校から社会への移行期』における教育福祉と学校改革―『総合教育政策』の可能性を求めて―」名古屋大学大学院教育発達科学研究科社会・生涯教育学研究室『社会教育研究年報』第三六号、二〇二二年。
（7）社会教育・生涯学習研究所監修／岡庭一雄・細山俊男・辻浩編『自治が育つ学びと協働　南信州・阿智村』自治体研究社、二〇一八年。
（8）辻浩「教育福祉実践を担うＮＰＯ・市民活動と公的社会教育―新しい価値観の創造と行政的・市民的承認の地域における結合―」名古屋大学大学院教育発達科学研究科社会・生涯教育学研究室『社会教育研究年報』第三五号、二〇二一年。

あとがき

本書は筆者が一人で書き上げた三冊目の著書である。最初に刊行した『住民参加型福祉と生涯学習』（ミネルヴァ書房、二〇〇三年）は、社会福祉学部に勤務していたことから、地域福祉の推進に住民の学習はどのような役割を果たせるかを考えたものであり、二冊目の『現代教育福祉論』（ミネルヴァ書房、二〇一七年）は、子ども・若者の生活基盤と発達保障の課題から教育改革と地域づくりにせまろうとしたものである。

その後、母校に戻るかたちで社会福祉学部から教育学部に移ったことから、社会教育そのものを研究し教育する必要にせまられた。そのようなことから、筆者が若い時から今日に至るまで、どのような社会教育の理論や実践から学んできたのかを整理してみると、多くのことが思い出され、文献や資料も手元にかなりあることに気づいた。また、恩師である小川利夫先生が中心となって探求されてきた「権利としての社会教育」を継承し今日的に発展させることが大切であるとも考えた。

筆者は、地域づくりにかかわる公民館の研究からはじめ、その後、地域福祉とのかかわりで福祉教育や当事者活動、ＮＰＯに関心をもち、さらに格差が拡大する中で教育福祉に注目して学校教育のあり方を考えてきた。その意味では、社会教育を地域と福祉と学校とのかかわりで考えてきたことになる。そのことを、本書では〈共生と自治〉ということで再構成し、社会教育の理論と実践の中で議論されてきたことに絞って整理し、今後の課題も筆者がこの間発表した内容から提起するようにした。

このように、社会教育の議論に限定し、自分の実践への関与も含めて総括的に書くことは、当たり前のようであるが、勇気のいることであった。なぜなら、社会教育の研究者からはそういうものではないという批判を受け、他の領域の研究者からは社会教育はその程度のものかと思われてしまうかもしれないからである。しかし、社会教育の研究を四〇年余り続けてきた今、自分がとらえた社会教育と自分のかかわりを、飾ることなく晒すことが大切ではないかと考えた。

このように考えることができるようになったのは、これまで多くの人びとが「権利としての社会教育」を追い求め、それに連なって筆者も研究に取り組んできたからであり、そのことで、若い世代からいくらか期待を寄せてもらえたということがあるからである。先輩からはその程度にしか受け継げないのかとお叱りを受けるかもしれないが、若い世代がさらに発展させる橋渡しになればと思っている。

今日、原発事故、気候変動と激甚災害、新型コロナウイルスの感染拡大、ロシアによるウクライナ侵攻など大きな問題が起こっている。また、「安全保障」を名目に、原発の再稼働、軍備増強、憲法改正が叫ばれるようになっている。このような中で、人びとが自由に学び主体的に判断することが求められている。それは誰も否定しないが、公共施設の利用を政治的に制限することが起き、マスコミは中立であることで問題にメスを入れることができていない。それに加えて、ＳＮＳでの無責任な情報発信が社会に分断をつくり、デジタル変革による便利な暮らしの中で人が集まって公論をおこす場がなくなる状況が広がっている。このような中で、自由に学ぶとはどういうことかを考え、そのために必要な体制を整備することが求められている。〈共生と自治〉の社会教育を論じる本書が、そのための一助になれば幸いである。

本書の刊行にあたっては、旬報社の川嶋みく氏に大変お世話になった。筆者の迷いを受け止め、適切な助言をいただいたことに感謝したい。

二〇二二年七月

辻　浩

ま行

や行

ら行

わ行

た行

な行

は行

さ行

索　引

あ行

か行

著者紹介

辻　　浩（つじ　ゆたか）

1958 年、大阪府生まれ。1990 年、名古屋大学大学院教育学研究科博士課程後期課程単位取得退学。現在、名古屋大学大学院教育発達科学研究科教授。著書として、『住民参加型福祉と生涯学習―福祉のまちづくりへの主体形成を求めて―』（単著、ミネルヴァ書房、2003 年）、『現代教育福祉論―子ども・若者の自立支援と地域づくり―』（単著、ミネルヴァ書房、2017 年）、『現代の貧困と社会教育―地域に根ざす生涯学習―』（共編著、国土社、2009 年）、『自治の力を育む社会教育計画―人が育ち、地域が変わるために―』（共編著、国土社、2014 年）、『自治が育つ学びと協働　南信州・阿智村』（共編著、自治体研究社、2018 年）などがある。

〈共生と自治〉の社会教育

教育福祉と地域づくりのポリフォニー

2022 年 10 月 7 日　初版第 1 刷発行

著　　者　辻　浩

装　　丁　Boogie Design

編集担当　川嶋みく

発 行 者　木内洋育

発 行 所　株式会社 旬報社

〒 162-0041 東京都新宿区早稲田鶴巻町 544 中川ビル 4F

Tel03-5579-8973　Fax03-5579-8975

ホームページ　https://www.junposha.com/

印刷製本　シナノ印刷株式会社

ISBN 978-4-8451-1776-5